中国小镇：撬动全球经济的重镇

张梦希 著

浙江人民出版社

图书在版编目（CIP）数据

中国小镇：撬动全球经济的重镇 / 张梦希著. — 杭州：浙江人民出版社，2023.8
ISBN 978-7-213-11088-7

Ⅰ.①中… Ⅱ.①张… Ⅲ.①乡镇经济－研究－中国 Ⅳ.①F299.2

中国国家版本馆CIP数据核字（2023）第096457号

中国小镇：撬动全球经济的重镇
ZHONGGUO XIAOZHEN: QIAODONG QUANQIU JINGJI DE ZHONGZHEN

张梦希　著

出版发行：浙江人民出版社（杭州市体育场路347号　邮编：310006）
　　　　　市场部电话：（0571）85061682　85176516
责任编辑：尚　婧　李　楠
策划编辑：李　楠
营销编辑：陈雯怡　张紫懿　陈芊如
责任校对：姚建国
责任印务：幸天骄
封面设计：昇一设计
电脑制版：北京之江文化传媒有限公司
印　　刷：杭州丰源印刷有限公司
开　　本：880毫米×1230毫米　1/32　　印　张：7
字　　数：125千字
版　　次：2023年8月第1版　　　　　　 印　次：2023年8月第1次印刷
书　　号：ISBN 978-7-213-11088-7
定　　价：68.00元

如发现印装质量问题，影响阅读，请与市场部联系调换。

| 序 言 |

中国的神奇小镇

谈到特色小镇，人们常常会想起欧洲的小镇。确实，许多人文风貌和历史积淀并存的欧洲小镇令游客流连忘返，如阿尔卑斯山脉下的德国、奥地利等都有不少"啤酒小镇"，里面甚至有"啤酒博物馆"，提供酿酒体验之旅，等等。因此，这些欧洲小镇被一些人认为是"天然形成的"，是"全球小镇建设的范本"。相当长的时间内，不少人批评中国小镇建设千篇一律，是"政策驱动"云云。

然而，蛋蛋同学（张梦希）撰写的这本《中国小镇：撬动全球经济的重镇》着实令人耳目一新。我们从中可以看到中国的特色小镇今天已经走出了一条与欧洲不同的路线：它们不只是旅游文化的载体，往往还是中国制造业链条上的一个个节点，一个小镇可能就是一个细分产业，其收入可能超过一些国家全年的收入，在一些领域内甚至做到世界占有率第一，而且其环境优美、景色宜人。

有产业支撑的特色小镇，也许就是中国特色小镇建设探索出来的中国之路，某种意义上也是中国式现代化的一种具体展示。本书总结了不少中国特色小镇的"成功秘诀"，特别是从过去的"旅游+"形态演变到今天的"一二三产业融合"，如广东徐闻小镇，它的第一产业是菠萝种植，第二产业是菠萝副产品加工，第三产业是小镇的特色旅游，从而建立了菠萝产业链的延伸，实现了农民增收致富、农业竞争力增强、农村活力显著提升。

再如，许多中国小镇都积极拥抱产业升级。和中国的产业发展史如出一辙，这些小镇大多从低端制造业起步，当地的人们勤劳、踏实、肯干，逐步建立起某种现代产业集群。江苏的太仓小镇就是一个很好的案例，它从一个贫困地区一跃成为汽车产业中的隐形冠军之城，那儿聚集了各种技术"大牛"，成了上海汽车零配件供应链的关键节点。当然，山东仁兆县的泡菜小镇也是一个范例，它从种白菜出口韩国开始，发展到今天的充分利用大数据，实现"买全国卖全球"。

《中国小镇：撬动全球经济的重镇》这本书给我印象最深的，不只是特色小镇的产业数据，更是产业发展给当地人民生活带来的实实在在的变化。众所周知，中国的迅速崛起一方面极大地改善了人民的生活，但另一方面也带来一些问题，如年轻人都奔向大城市，留下"空巢老人"和空壳的家乡。但在这些神奇的中国小镇里，我们看到了人口回流！人才回乡带来了特色小镇的蓬勃发展，这又使越来越多的人才回到家乡，使小镇获得了进一步的发展，从而形成了良性循环，毕竟在家乡有更加宜人的生活环境以及亲友家人的陪伴，同时也享有较好的基础设施、完备的政府政策等。

如今，许多小镇已经成为"网红"：网红镇长直播带货，网红景点被争相打卡拍照，网红产品一抢而空，等等。这种丰富多彩的图景，放眼全球，也是绝无仅有的。是时候放下对"中国小镇"的偏见了！蛋蛋同学的这本《中国小镇：撬动全球经济的重镇》为读者展示了一幅今日"中国小镇"的画卷。是时候向全世界展示中国小镇发展之路了！它展现的不仅是世界第一大工业国的一个个风情各异、实力雄厚的产业小镇，更是它们背后勤劳、勇敢、智慧的中国人民。

是为序。

张维为
复旦大学中国研究院院长
国家高端智库理事会理事
2023年3月18日于淀山湖畔

目 录

第 一 章　世界钻石与河南钻石　　001

○ 百年前，戴比尔斯公司垄断了天然钻石的贸易，并依靠捂盘的方式，将钻石抬升到天价。为了破除这一垄断，让钻石重归理性的平民价格，中国开启了自己的人造钻石之路……

004　　一、压机一响，黄金万两
010　　二、钻石恒久远，两颗永流传
016　　三、河南柘城，实现克拉自由

第 二 章　韩国人的泡菜尊严，
　　　　　　被一个山东小镇"侮辱"了　　025

○ 众所周知，韩国人对泡菜的爱可以说是最深入骨髓的，因此泡菜也成为韩国人的"国菜"。但其实这道"国菜"，不仅和中国颇有渊源，连使用的原料也是中国产的……

027　　一、蔬菜之都，中国人民的"菜篮子"
032　　二、"命中注定"的泡菜危机
036　　三、买全国卖全球，仁兆镇模式是怎样炼成的？

I

中国小镇：撬动全球经济的重镇

第 三 章　因为台湾地区，
　　　　　全国人民知道了这个广东菠萝小镇　　　043

　　　　　　○ 江湖上一直流传着一句话："每3个中国菠萝就有1个来自湛江徐闻。"

045　　　一、北青岛，南湛江
048　　　二、红土地上诞生的"菠萝的海"
052　　　三、徐闻菠萝：丰产不贱卖，大疫未滞销

第 四 章　这个勤劳的中国小镇成了欧洲人的噩梦　　　061

　　　　　　○ 很久以来，青田人都有拖家带口去欧洲做生意的传统，比如在西班牙的巴塞罗那，青田人占到了当地华人总数的70%以上，他们都靠自己的手艺赚钱，成就了……

062　　　一、勤劳成了"罪过"
066　　　二、"转正王者"青田帮
072　　　三、"躺平"和"内卷"

目 录

第 五 章 "宇宙中心"曹县，
从贫穷到"顶流"崛起的秘诀　　　　079

○ 前段时间，"山东曹县宇宙中心挂牌"冲上了热搜。在曹县人民广场的一块门柱上，赫然写着"宇宙中心"四个字，"坐实"了曹县顶流的身份。

081　　一、"非遗"贫困村
086　　二、网红淘宝村
093　　三、"宇宙中心"——曹县

第 六 章 中国殡葬第一村，
死死拿捏住西方人的"身后世界"　　　　097

○ 每年10月底的万圣节，是西方的狂欢时刻。按照常规操作，人们会穿着奇装异服庆祝；小孩也会装扮成各种可爱的鬼怪，挨家挨户地敲门要糖果。但最近几年，一股来自东方的神秘力量，让传统的万圣节回归了纪念亡魂的本质……

098　　一、"祖先钱"火到了外国
102　　二、与时俱进的"地下华尔街"
106　　三、殡葬业的互联网时代

III

第 七 章　锂矿战争　　　　　　　　　111

○ 美国前国务卿基辛格说过,"谁控制了石油,谁就控制了所有国家"。而锂,正是新能源时代的白色石油。关于锂矿的隐秘战争,可能早就已经以一般人不太会注意的方式,轰轰烈烈地打响了。

112　　一、买出话语权
119　　二、大国能源战
126　　三、半路杀出个 Boatman Capital

第 八 章　福建吊车尾小镇,如何诞生万亿宁王?　131

○ 在很多人眼中,宁德时代就是新能源汽车的动力引擎,它的动力电车装车量已连续 4 年排名全球第一。

133　　一、感恩的心
138　　二、时势造英雄
142　　三、时刻准备着

目 录

第 九 章　深圳城中村的一万个凡·高　　　　　　149

○ 印象主义的先驱、著名画家凡·高，于37岁时自杀。他在世时，只卖出过一幅绘画作品。而如今，靠着临摹他的画作，大芬村撑起了几十亿元的油画产业。

151　　一、大芬村的华丽转身
157　　二、黑暗时刻
160　　三、从"中国画工"到"中国画家"

第 十 章　印度人的头发，河南人的财富密码　　　　167

○ 有一群河南人曾穿梭于各个街巷，用几百到几千元不等的价格，收到满意的头发。而这些从全国各地收回来的头发，最后都被带回了河南许昌。

169　　一、黑黄金
171　　二、去印度"薅头发"
172　　三、干翻韩国

V

第十一章　从螺蛳粉之都到国民神车，广西不起眼小城传奇　181

○ 柳州是一座名副其实的新能源之城，不仅仅因为五菱诞生在这里，还因为政府对新能源企业的高度支持。虽然各地政府都很支持新能源，但是柳州开始的时间之早、投入的力度之强，着实超出想象。

184　一、柳州模式
187　二、五菱缔造柳州传奇
192　三、柳州的新时代

第十二章　神奇章丘的大葱　199

○ 从国产大葱，到如今的章丘大葱，日本已经播起了广告，这中间究竟有什么故事呢？

201　一、葱状元
204　二、大葱保险
208　三、科技大葱

第一章

世界钻石与河南钻石

2012年5月，比利时安特卫普国际宝石学院（简称IGI）实验室检测了605颗钻石。令人惊讶的是，鉴定人员发现其中的461颗，其外部特征和内部基本属性与天然钻石一模一样，只有细节稍有异样。最终，经过极为精密的仪器的层层检测，鉴定人员发现这一批钻石在荧光或者氮含量方面与天然钻石有微小差异，最终鉴定为合成钻石。

显然这一批合成钻石是"有组织有规模"地混入天然钻石中的，而且数量惊人，因此引起了整个珠宝界的震动和恐慌。而在这背后，正是人造钻石（现在业界一般称培育钻石）的蓬勃发展。

其实，这个产业早已有之。经过近60年的发展，人工培育钻石的技术也已经相当成熟，尤其是在中国，培育钻石技术、产量一次又一次实现突破。但由于钻石鉴定的话语权被西方世界垄断，培育钻石一直无法进入世界舞台。

这时候，钻石圈最大的"黑天鹅"——印度商人出现了。

第一章 世界钻石与河南钻石

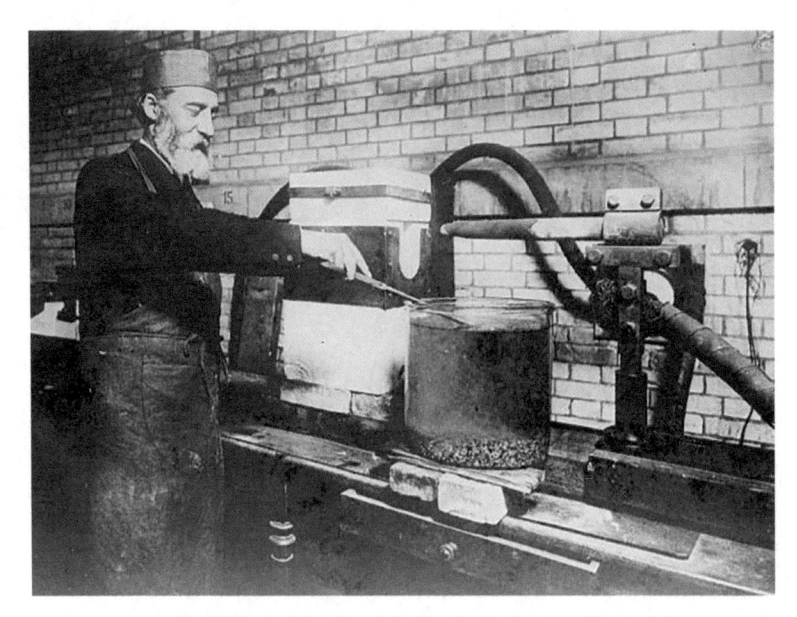

图 1　法国化学家弗迪南·莫桑正在试验用电弧炉合成钻石

当中国钻石行业还在努力让国际社会认可培育钻石的时候，印度钻石商可不管这么多。他们迅速发展出了印度玩法：从中国购入大批颜色、净度与天然钻石几乎相同的培育钻石毛坯，在印度加工后直接混入天然钻石里，向全球销售，从中牟取暴利。

从 2014 年开始，在接下来的几乎每一年，我们都可以查到印度有关部门就掺杂混卖钻石进行说明和道歉，可以说每年都是"最困难的一年"。

2013 年，印度商人以假乱真。

2016年，印度有关部门表示，要惩罚掺杂混淆出售钻石的商人。

2019年，印度进出口商品贸易委员会再次对相关事件进行调查。

但不得不说，也是这种印度玩法，最终强行把人造钻石推向了国际——因为大批量的流通和鉴定的困难，成功倒逼传统钻石大厂必须要接受人造钻石。然而，这背后最大的受益者，却还不是印度人，而是中国河南的一个人造钻石小镇。

一、压机一响，黄金万两

让我们回到故事最开始的时候。

其实最初，中国人并没想过制造人造钻石，反而对人造金刚石感兴趣。1953年，"一五"计划开始实施，其基本任务是为国家工业化打下基础，举全国之力发展工业。其中一个重点项目就是在各地筹建砂轮厂。但马上大家就遇到了大问题：缺乏人造金刚石。人造金刚石作为超硬材料，在磨具行业是核心原料，号称"工业牙齿"。有了超硬金刚石，几乎可以加工世界上所有的已知材料。

因此，金刚石被广泛运用到基础建设、汽车、新能源、半导体、精密器械等行业，对于社会主义的建设发展有着至关重要的作用。但天然金刚石的形成属于老天爷赏饭吃，而我国金刚石天然资源储量有限，远远满足不了开采需求，很长一段时间，我们只能从刚果进口金刚石、从苏联进口人造金刚石。

1960年，刚果发生了自然灾害，暂时不能生产金刚石。而苏联不仅撤回了在中国的专家，也切断了对中国的金刚石供应。当时世界上只有美国、瑞典、英国等少数几个国家掌握了金刚石人工合成技术，但都对我国实行了技术封锁。在当年，这是至关重要的大问题，关乎中国工业的生死，但研制自己的人造金刚石，又谈何容易？

据中国人造金刚石第一人王光祖老先生后来回忆，当时他们只能仿制苏联设备的外形，但设备里究竟是什么样子的，大家都不知道，对于研发人员来说，所谓的合成金刚石技术，还是一片待填补的空白。而有能力填补这块空白的大多数人，都是"非专业"的。以王光祖老先生为例，大学时他学的是分析化学专业，在苏联学的是刚玉冶炼，都和合成金刚石毫无共通之处。

最关键的是，留给我们的时间不多了。

瑞典和美国是世界上最早开始研究合成金刚石的国家，到真正合成金刚石，花费了十几年的时间[1]，而处在"一五"计

---

[1] 实际上，第一次宝石级金刚石合成是1970年由美国通用电气公司完成的，此前合成的是普通工业用金刚石。——编者注

划的中国，由于工业刚起步，需要大量金刚石支撑工业发展，实在打不起持久战，但"独立自主，自力更生"八个字，不是随便说说的。

1960年，研制人造金刚石这一艰巨的任务便落到了郑州三磨所的头上，尽管困难重重，他们依然选择迎难而上。只有设备空壳，他们就自己从零开始研究，翻遍国内外所有可以找到的资料，逐个分析，总结经验公式和石墨金刚石平衡曲线，不仅完成了任务，还写出了《人造金刚石合成工艺理论基础》和《人造金刚石合成工艺实施方案》，两书至今仍是业界奠基之作。

缺乏"专业人才"？那就合理分工，利用多学科的联合优势攻关。在这个攻坚团队里，大家都拥有一个信念：我们是新中国培养出来的大学生，只要祖国需要，一切服从安排。

时值"三年困难时期"，心理和生理的双重压力折磨着每一个人，但无人轻言放弃。国外虽然对我们实行了技术封锁，但他们的成功经验恰恰说明合成金刚石并非是痴人说梦、不可实现之事。

在王光祖老先生的带领下，大家经过失败、改进、再失败、再改进的艰苦探索，终于在1963年12月6日夜晚迎来曙光。

在一组方案编号为"32"的试验中，合成棒中终于出现了

第一章　世界钻石与河南钻石

闪闪发亮的晶体，一千多个日夜的心血没有白费，它刻画玻璃的清脆声音向世人宣告，我们成功研制出了中国第一颗人造金刚石，成为继美、苏等国之后第五个掌握这项技术的国家！我们取得了第一场反封锁战役的胜利。这是何等的荣誉和自豪！

但这，其实还只是第一步。

人造金刚石产业发展的关键在于制造金刚石的机器，如果这个机器不能实现自主生产，那么就不算真正掌握了这项技术。

当时国际上普遍采用两面顶压机来达到合成金刚石所需要的高温高压环境。两面顶年轮模具发展较早，成熟度高，所以一直是合成金刚石的首选。而我国第一颗合成金刚石也是在两面顶压机上做出来的。

但是，两面顶压机技术门槛高，年轮模具中的压缸寿命短、进口成本太高，要想让生产全面开花，财力实在无法支撑。

此时，就体现出我们中国人的伟大智慧了——比起模仿，我们要的是超越。

谁说世界上合成金刚石只能用两面顶压机，钻石千面，多面加压，不是更有利于晶体生长吗？

于是，三磨所又派出了王光祖老先生以及余志超、李进保等人一起去济南铸造锻压机械研究所去联合攻关。

又是一次 500 天的艰苦奋斗，在理想和现实的拉锯中，我们经历了一次又一次的失败打击，如何让压机同步、对中，避免"放炮"、高压油管的密封与拉断、电磁阀乱跳等问题，都在阻挠着我们前进。但正是无数次的失败，让我们离成功更近。

图 2　郑州三磨所的六面顶压机模型，现放于郑州三磨所院内

1965 年，我国第一台六面顶压机完成了安装、调整和试车，一次成功。相比于两面顶压机，我们自主研发的六面顶压机可谓是性价比超高的六边形战士，它模具简单，操作方便，而且生产成本低，用一句话概括就是：比二面顶好用、便宜！当时，三磨所的领导亲自去济南看望工作人员，并给他们每人做了一碗烩面。

这台六面顶压机一直"服役"到 1995 年，即"工作"了 30 年才"退役"，其间获得金刚石实验产品约 150 万克拉（ct.）。

150 万克拉金刚石是什么概念呢？当时，1 克拉金刚石大概 32 元人民币，一台六面顶压机一天能生产 300 多克拉金刚石，折合 1 万多元，所以又有"压机一响，黄金万两"的说法。就连王光祖老先生也表示，自己当时一个月工资 60 元，只能折合不到 2 克拉金刚石。而更重要的是，在20世纪 60 年代，这台新出炉的六面顶压机是国外两面顶压机效率的 20 倍。至此，中国开始成为超硬材料生产的又一个中心，从进口国成为出口国。而中国造的六面顶压机后来还出口到全球各地，包括美国、日本、俄罗斯等。所以，这台顶压机又被称为"功勋压机"，并在 2020 年 9 月被国资委列入我国机械制造业工业文化遗产。这是一台中国机器可以获得的最高荣誉。

世界上第一颗合成钻石诞生于瑞典斯德哥尔摩——一家名为 ASEA 的电气公司领导研发小组在 1953 年成功合成出了金刚石微晶。但当时他们的目标是研制大颗粒金刚石，所以即便合成出了金刚石微晶，这项研究在他们看来也是失败的，于是就没有申请专利。第二年，这项荣誉被美国人抢走。1954 年 12 月 16 日，美国通用电气公司成功研发出人造金刚石。1998 年，俄罗斯成功合成出无色合成钻石，只是钻石的净度不太好，价格也很高，卖不出去。直到 2015 年 5 月，俄罗斯 NDT（New Diamond Technology）公司用六面顶压机生产出了合成钻石，成为 HPHT 技术生产合成钻石成熟的标志，而他们所使用的核心机器六面顶压机，就是中国的产品。

在发现合成钻石的巨大市场之后,中国已连续17年成为世界上最大的合成钻石生产国,而且近几年中国的合成钻石产量已高达全世界的90%。更令人惊奇的是,这还只是在中国的合成钻石神器——六面顶压机没有全面开机的情况下取得的成绩。

根据《中国黄金珠宝》的数据,中国现在有7000台六面顶压机,而开工的只有2000台。如果马力全开,产能将是非常可怕。其实天然钻石原本的库存并不少,只因捂盘才被卖出天价,而这原本就是一场营销骗局。所以造出人造钻石,只是解决问题的第一步,如何卖出去才是问题的核心。

二、钻石恒久远,两颗永流传

相信所有人都听过一句著名的广告词"钻石恒久远,一颗永流传",广告成功地把钻石和永恒的爱情画上了等号,使钻石成为一部分人婚姻开始的必需品。这也是钻石被包装得最成功、最美丽的神话。其背后推手,就是以戴比尔斯为首的西方钻石巨头。他们垄断了钻石的产地、产量和评级权,除了严格控制产量、建立价格同盟之外,还拥有一些所谓权威的钻石评级机构,即根据克拉重量、色泽、净度、切工等,制定了一套叫作 4C 的评级标准。[①] 根据这套 4C 评级标准，他们决定了一颗钻石的价值，也决定了你的钱能够买到一颗怎样的钻石。一颗评级为中上等品质的 1 克拉钻戒，价格大概是 10 万到 16 万元，而高品质的 1 克拉钻石，价格能到 20 万元。

由此可见，"钻石恒久远，一颗就破产"才是大多数人的心声。于是，市场上开始出现很多钻石的"代餐"，比如锆石、莫桑石等，与钻石极为相似，价格却低到尘埃，1 克拉品质好点的锆石也就几百元钱。但是，锆石、莫桑石无法撼动

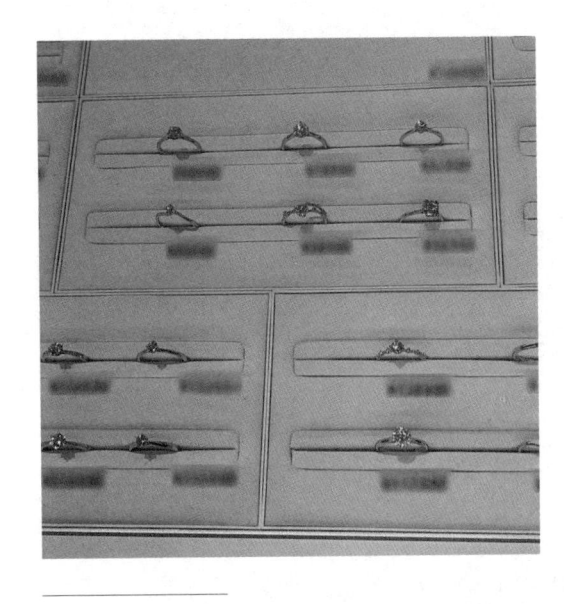

图3 琳琅满目的钻石戒指

[①] 4C 标准即综合衡量钻石的标准，包括克拉重量（Carat Weight）、净度（Clarity）、色泽（Color）与切工（Cut）。因都是以字母"C"开头，所以称作 4C 评级标准。——编者注

钻石的评级，也无法取得与天然钻石一样高贵的身份，天然钻石仍然有自己的护城河。

所以，人造钻石想要把自己卖出去，就必须破除钻石神话，让"钻石恒久远，两颗永流传"。在这点上，人造钻石分了三步走。

第一步：成长为比完美更加完美的钻石

锆石、莫桑石无法和钻石平起平坐的一个很重要的原因是它们的成分不同。但是人造钻石的外部特征和内部基本属性，与天然钻石是一模一样的。用专家的话来说，二者的区别就好比"河里的冰"和"冰箱里的冰"一样。

其实，人造钻石无论是克拉重量、色泽、净度和切工，都能达到天然钻石的级别。因为人造钻石毕竟是人造的，有很多可以灵活调整的空间，所以不管是 4C 还是 8C，都能完美达到，甚至在净度上还优于天然钻石。

从环保和人道主义的角度讲，人造钻石也优于天然钻石。它不需要破坏地表环境，更不需要上演"血钻"里的绝望、冲突、斗争和流血，它的一切都发生在实验室里。

可以说，当今世界上，能打败钻石的也就只有钻石了。

最关键的一点，人造钻石在价格上大大优于天然钻石，仅为后者的1/3。有了这个基础，人造钻石获得消费者和厂家青

第一章　世界钻石与河南钻石

睐，也就不再是空中楼阁。

第二步：讲好属于自己的故事

　　自从疫情开始以来，大家都从"报复性消费"中清醒了过来，花钱不再随性，消费讲究高性价比。而像钻石这种锦上添花的珠宝，大家也不再被营销手段诱导。

　　相比之下，我们的人造钻石就"实在"多了。它踏踏实实讲好一个理念：钻石并不能和爱情画等号。它作为一种珠宝，完全可以按照每个人的喜好去购买，而它负责提供和天然钻石一样的品质和更具优势的价格。

图4　一枚锆石

013

贝恩咨询报告显示，中国和美国消费者购买钻石悦己消费意愿占比达46%和29%，且持续提升。可见，人造钻石开始打动更多人的芳心，但围绕天然钻石产业链形成的西方利益集团，显然不会愿意把这块蛋糕拱手让人。

在很长一段时间里，尽管人们愿意购买，但人造钻石一直无法进入主流市场——即使给了鉴定机构足够的钱，人造钻石出证书也需要排队一个月以上。而且他们出具的证书，常常只是写着"合成钻石"，标着粗略的级数，不像天然钻石一样按标准分级，歧视意味非常明显。

中国珠宝行业对这种情况也很了解，但想要破解，也并非一朝一夕。但是，在印度钻石商人刁钻角度的"助攻"下，人造钻石进入消费者的视野，越来越被大众熟知，进而成为西方巨头无法回避的一个话题。

第三步：擒贼先擒王

2018年9月12日，中国的上市公司豫园股份发出了一则有趣的公告，出资1.088亿美元投资收购IGI 80%的股权。

作为世界权威的宝石鉴定机构之一，IGI能够为钻石提供精确的4C评级，并出具钻石证书。而在那之后，钻石行业原本的格局开始逐步松动，针对人造钻石的利好消息层出不穷。

现在，已经被中国收购的IGI首先开始像给天然钻石一样，给合成钻石出具详细的分级证书，这使得他们的合成钻石鉴定证书量达全世界第一，给原本的鉴定机构老大GIA造成很大压力。

2015年，国标准化组织ISO：18323针对合成钻石做出明确规定，要求使用"实验室培育钻石"（Laboratory-grown diamond）或"实验室制造钻石"（Laboratory-created diamond）来作为正式名称。

这是因为"合成钻石"或"人造钻石"，经常给人一种造假的感觉，而"培育钻石"对消费者来说是一个更加友善的措辞。

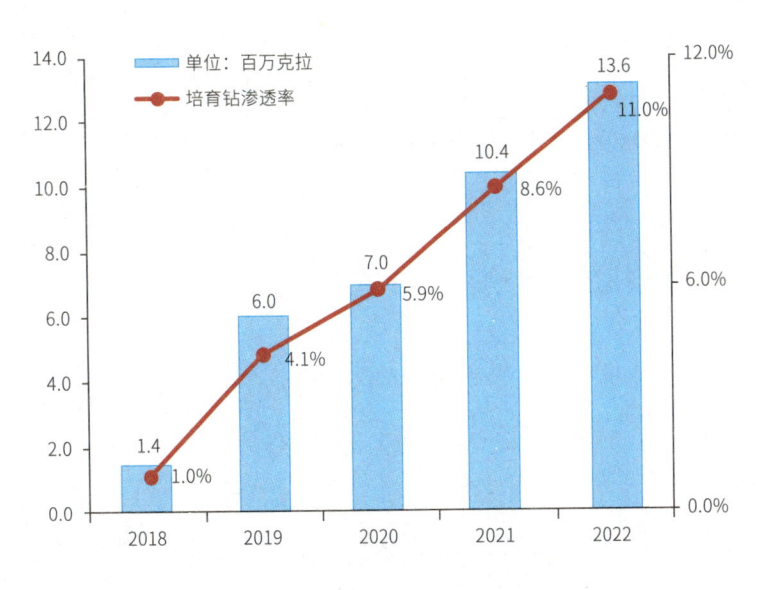

图5 2018—2022年全球培育钻石情况图

2017年，施华洛世奇（Swarovski）已经在北美地区正式开售培育钻石品牌Diama。

2018年，美国联邦贸易委员会修改了"钻石"的定义。根据市场的变化，最终版指引从钻石的定义里删去了"自然"这个词，因为实验室制造的与开采的钻石具有相同光学、物理和化学性质的产品，也是钻石。

也是在这一年，原本一直不承认人造钻石的巨头戴比尔斯，直接"打脸"推出了自己的人造钻石品牌Light Box，表演了一下什么叫能屈能伸。但实际上，戴比尔斯有一个老奸巨猾的新算盘：自己做一个人造钻石品牌，把人造钻石的价格压低，把它定死在低价位，无法对现有的天然钻石体系造成冲击。

钻石领域一场新的腥风血雨之战，正式拉开序幕。

三、河南柘城，实现克拉自由

戴比尔斯的人造钻石品牌Light Box推出的核心理念是：人造钻石"只做饰品，不做婚戒"，即人造钻石不适合在重要场合佩戴。

显然，他们想要通过建立钻石领域的鄙视链，来维持天然钻石的优越感和高溢价。

第一章　世界钻石与河南钻石

而当初他们用于垄断天然钻石的那些手段，现在其实也完全可以照搬过来——

第一步，先控制矿脉，压缩产量，强行制造"稀有"假象；

第二步，在行业内建立同盟，约定价格，一致对外，造成钻石是全球统一价的假象。表面童叟无欺，实质是"收割韭菜"。

的确，他们这一套，既然可以用在天然钻石上，一样也可以用在人造钻石上。只是看戴比尔斯的洗脑能力，能否让行业里的人形成这种黑暗"默契"了。

但是这一次，不一样的是，中国人来了。中国制造凭借着强大的工业力，已经在戴比尔斯的不可一世的商业版图上撕出一个缺口。在这个打开缺口的路上，那座闪闪发光的河南小镇起着至关重要的作用。在业界盛传着这样一句话："世界钻石看中国，中国钻石看河南，河南钻石看柘城。"

可以说作为河南商丘下辖的小县城，柘城存在感非常弱，其名字来源于柘城有名的柘树。柘树可以用来提取黄色染料，是皇帝衣服的专用染料。新中国成立以来，柘城是传统的贫困农业大县，没有近城优势、企业带动和工业基础，搞活经济可谓是难于上青天。

不过，命运的机缘有时候就是这么奇妙。还记得 20 世纪60年代时，郑州三磨所接受指示攻坚"人造金刚石"这个超硬材料吗？

后来三磨所还按照国务院指示，负责传授推广人造金刚石生产技术，当时接收实习人员300多人，也创立了我国最早的一批金刚石生产企业。这也是我国人民所拥有的高格局，倾尽全力传授技术，造福全国工厂。

于是，从1985年到1993年，仅在河南，就先后建立起15个技术或资金入股的联营厂，奠定了河南在超硬材料行业的地位。小小柘城也嗅到了命运馈赠的礼物。

柘城县积极动员优秀的技术人员回乡创业，兴办乡镇企业。柘城县邵园乡冯堂村人冯金章正是在这一机缘下从郑州三磨所辞职，在柘城创办了邵园金刚石厂，回馈家乡。

虽然他的金刚石厂没有成功，但作为人造金刚石界的"黄埔军校"，它培养了一大批技术工人。如力量钻石的创始人邵大勇就曾经在这个工厂工作，现在力量钻石已是上市公司。地处长葛的黄河实业公司也和郑州三磨所合作，成立了黄河旋风，如今是中国最大的人造金刚石、培育钻石企业之一。

不过，钻石的装饰性质，其实只是金刚石最不重要的一种用途。金刚石属于超硬材料。柘城，虽然因被称为人造钻石小镇广为人知，但它更确切的名字应该是：中国超硬材料小镇。

超硬材料企业的产品可以细为三大板块：除了培育钻石之

外,还有金刚石单晶和金刚石微粉。柘城目前拥有金刚石微粉及制品相关配套企业 62 家,同时还拥有一大批金刚石超硬材料知名企业。

小镇金刚石年产量 25 亿克拉、微粉年产量 58 亿克拉,目前已达到九大系列、180 多个品种,年产值达 150 亿元,形成了完善的产业链。随着技术发展和产能增加,人造金刚石的价格已经从 1965 年的每克拉 30 元降到现在的每克拉 0.3 元。

把人造金刚石打成白菜价,可以说河南人功不可没。

并且河南的超硬材料产业链,其实是涵盖了整个产业的上中下游,包括原材料、生产设备、制作工艺。在这个领域,河南人掌握多种核心技术。比如最关键的生产设备六面顶压机,直到现在仍然主要由中国生产,每台价格在 70 万—100 万元。

这些年,柘城依然坚持着"产业要发展,科技是关键"的理念,大力扶持科技创新。艰难方显勇毅,磨砺始得玉成。小小的柘城,如今也有撼动世界的力量。可以说河南柘城的崛起,是中国关键技术自主研发创新的一个缩影,是自力更生、艰苦奋斗的真实写照。它打破西方垄断天然钻石的局面,暴打钻石消费主义,另辟蹊径,抢占了培育钻石市场先机,弯道超车。

国家火炬计划河南超硬材料产业基地首席专家王秦生说:"如果说磨具处在发展前期,相当于上午 10 点钟的太阳,那么刀具可以说是八九点钟,线锯大概是早晨 7 点钟。而超硬材料在光、电、声、热等领域的功能性应用,则是处在黎明前的阶段。"作为黎明前产业,柘城超硬材料及其制品行业的发展前景不可限量。

2020 年,资深珠宝人张栋的《中国钻石革命》一书出版,他在里面做了让人震惊的十大预测:

第一条:一年之内中国将紧随美国出现大量合成钻石销售终端。

第二条:两年之内中国将全面接受将合成钻石更名为培育钻石。

第三条:三年之内中国将全面攻克所有限制合成钻石大规模商业生产的技术。

第四条:四年之内中国将建成世界最大规模的合成钻石生产基地。

第五条:五年之内中国将产生全网络控制的 CVD 合成钻石智能生产厂。

第六条:五年之内中国的主流珠宝品牌将全面销售合成钻石。

第七条:六年之内中国将产生世界级的合成钻石跨国品牌。

第八条:八年之内中国将成为世界上最强大的合成钻石生

产国。

第九条：十年之内中国将成为世界上最大的合成钻石消费国。

第十条：十年之内合成宝石级钻石将占据中国宝石级钻石消费总量的半壁江山。

其中，他预测的六年之内中国将产生世界级的合成钻石跨国品牌、十年之内合成宝石级钻石将占据中国宝石级钻石消费总量的半壁江山，很可能会提前出现。

两年过去后，十大预测里的前两条都已经实现了，更多利好消息也在不断传出。

国内一线珠宝品牌豫园推出了自有培育钻石牌品牌"露璨"（LUSANT），释放了头部珠宝品牌进军培育钻石的信号。

2022年5月，印度培育钻石裸钻出口同比增长137%，创下历史新高。6月16日，我国A股培育钻石板块持续拉升，力量钻石涨幅超7%，四方达、沃尔德、黄河旋风等跟涨。

柘城点石成金的奋斗历程，再次证明了这古老璀璨的钻光不只能在南非闪耀，也能在华夏大地化身为最美丽、最锋利的光芒。曾经，这钻光划开了中国工业发展轰轰烈烈的序幕，如今它也将打开培育钻石的光明未来，让我们拭目以待。

参 考 资 料

1. 杨宇.超硬材料产业崛起,"硬科技"企业打开成长空间[N].华宝证券研报,2021-09-15.

2. 田金刚.合成钻石:"黑天鹅"的蜕变和突围[N].中国黄金报,2018-10-25.

3. 胡恩良,陶知耻.我国第一颗人造金刚石的诞生[J].超硬材料工程杂志(*Superhard Matral Engineering*),Vol.21,Dec.2009:45-47.

4. 夏龙江,王邦君.河南柘城:钻石之都闪耀世界[N].人民政协报,2021-12-28.

5. 船长.郑州三磨所,如何干翻全球金刚石.发布于知乎专栏"云上郑州",微信公众号"燃料创",2021-12-15.

6. 王磊彬文,马腾飞摄影.研制出中国第一颗人造金刚石,郑州三磨所三个厂址为何都是"121号"[N].大河报·大河财立方,2021-10-14.

7. 国庆献礼：王光祖老师为大家讲述功勋压机的故事. 微信公众号"磨搜"，2021-10-08.

8. 张栋. 中国钻石革命［M］. 郑州大学出版社，2020.

9. 王光祖. 我与人造金刚石［EB/OL］.（2012-09-17）中国超硬材料协会官网.

第二章

韩国人的泡菜尊严,
被一个山东小镇"侮辱"了

众所周知,韩国人对泡菜的爱可以说是最深入骨髓的——一天三顿饭,三顿都可以就着泡菜吃米饭。因此,泡菜也成为韩国人的"国菜"。但其实这道"国菜"和中国颇有渊源。

早先,韩国人因为泡菜产生了很多分歧。一会儿认为泡菜是韩国的,为此,韩国教授还要求修改"泡菜源自中国"这一正确说法;一会儿又给泡菜改名,要把中文译名改成"辛奇",与中国泡菜进行明确区分。但实际上,韩国想在泡菜方

图6 即将腌成泡菜的中国山东产大白菜

面与中国撇清关系可谓是痴人说梦。

历史告诉我们，中国早在 3000 多年前就已经开始制作并食用世界上最早的泡菜雏形——盐渍菜，三国时代泡菜工艺传入朝鲜半岛。并且，泡菜行业国际标准也是由中国主导指定的。截止到 2022 年，世界上用于出口的 90% 的泡菜都来自中国，而且在这 90% 的输出量中，蔬菜之都中国山东就轻易占据了其中的 80%。

一、蔬菜之都，中国人民的"菜篮子"

山东是中国蔬菜大省。

大家应该还记得 2020 年初疫情最严峻的时候，听说湖北人民蔬菜告急，山东立刻输出蔬菜支援湖北。

有"全国人民的菜篮子"之称的山东寿光，其菜农们更是连夜进棚采摘。本来计划捐赠 300 吨蔬菜，但是由于菜农们太过积极踊跃，最后竟多摘了 50 吨的蔬菜。

著名的大蒜之乡——山东临沂市兰陵县，捐了 200 吨最优质的苍山大蒜给武汉。全国土豆之乡——山东滕州也准备了 66 吨土豆，捐给武汉。随后济宁金乡、青岛胶州、菏泽也都捐出共计 1000 余吨的蔬菜。

自 1991 年以来，山东蔬菜产量一直居全国首位：播种面积高达3262.97万亩，总产量常年稳定在8000万吨以上，不仅供应着全国30多个省（区、市）的200多个大中城市，还远销日本、韩国、俄罗斯等国。

山东的种植业，可以说是老天爷赏饭吃。在地球上，有一条传奇般的黄金纬度线——北纬37度线。这里是众多古文明的发源地，同时也有着世界一流葡萄酒酿造区。山东，正位于这一纬度的上下。此外，山东平原广布，拥有大量耕地，连绵不断的丘陵形成了错落平缓的梯田，加之位于黄河两岸且又沿海，河流遍布。总之，雨热同期、四季分明的气候让山东特别适合发展种植业。

在山东，种植手艺已传承有2000多年的历史，而我国第一本农业百科全书《齐民要术》就诞生于山东。

1980年以前的中国，人均蔬菜消费量非常少，差不多每人每年50千克，和越南不相上下，几近垫底。那时，大家还自给自足，只有多余的部分才拿出来卖，小地方的勉强自给自足，中大型城市的农副产品则经常会出现短缺。尤其一到冬天，北方家家户户只能大量囤积白菜和萝卜，这是他们唯一能接触到的新鲜蔬菜。

改变发生在1989年。时任山东寿光三元朱村书记的王乐义带着村干部到辽宁、北京、河北等地学习大棚种植技术，想要种植出能在冬天生长的新鲜黄瓜。在那之前，寿光其实就有

第二章 韩国人的泡菜尊严,被一个山东小镇"侮辱"了

低温棚,但是冬天得靠烧煤加温,而且只能生产叶菜,成本太高。于是,王书记在学成归来以后,便根据三元朱村的自然条件反复试验,对大棚进行了大胆改革,发明了不需加温的冬暖式蔬菜大棚。但是,很多村民持怀疑态度,不敢和王书记一起投资建设。

大家想:寒冬腊月在棚里烧三四吨煤都长不出黄瓜,光太阳晒就能晒出来?这是神仙办的事,不是我们凡人能干的。

无奈之下,王书记只好动员17名党员干部,担着风险牵头种棚。功夫不负有心人。几个月后,在17个新建的大棚中,王书记和党员干部们真的种出了新鲜的"顶花带刺"黄瓜,当年冬天,北方人民第一次吃到了除白菜、萝卜以外的新鲜菜。

与此同时,我国正式启动"菜篮子工程"。5年时间,建起了8000多个农副产品市场和8万多个城乡集贸市场,"南菜北运""北菜南运"大流通格局开始形成。

从那时起,寿光蔬菜和寿光种植技术开始走向全国。随着中国日新月异的发展,寿光正在带领全国的蔬菜大棚更新种植技术。

"中国寿光型"智能玻璃温室,在业界已拥有响当当的名号。很快,第七代种植技术也已将人工智能引入蔬菜大棚管理,农作物的肥水、光照、温湿、病虫害等全部由智能化设备

自动控制。成本节约了，人也轻松了。自2000年起，寿光每年还会举办菜博会，江湖人称"菜博朋克"。

在这里，你可以欣赏世界著名景点——可爱的冰墩墩，还能看到500斤的巨人南瓜。此款南瓜深受西方人喜爱，强烈满足了他们对万圣节南瓜的需求。

每年，菜博会能吸引200多万人次到会，贸易额达到百亿元。后疫情时代，5G、VR，一场场"云逛会"，令菜博会依然保持着自己的吸引力。如今，寿光已成为中国蔬菜的集散配送中心、价格形成中心和信息交易中心，每天发布的寿光蔬菜价格指数称得上是中国蔬菜价格的"晴雨表"。此外，山东章丘大葱、莱芜生姜、金乡大蒜、滕州土豆、烟台苹果、烟台大樱桃、莱阳梨、沾化冬枣，随便拉一个出来，都能独当一面。

像山东这样的重点菜篮子，我国有580个，种植总面积超过3亿亩。据联合国粮农组织统计，早在2017年，中国人均蔬菜消费量就已经高居全球第一，人均377千克。

在山东平度市，有"地表最强"泡菜小镇——仁兆镇。在这里，10家厂子有8家都是做泡菜的，可以说泡菜占了这个镇的半壁江山。大概从20世纪90年代开始，仁兆镇就开始往韩国出口泡菜和白菜。

不过最开始，仁兆镇并不是只做泡菜和白菜的。但因为他们的母亲河大沽河水质非常好，灌溉孕育出来的蔬菜口感质

第二章　韩国人的泡菜尊严，被一个山东小镇"侮辱"了

量绝佳、草腥味淡、发甜、入口脆，所以仁兆的很多蔬菜，都做得很红火。比如萝卜、生姜、蒜薹、大葱、甘蓝等，都以品质出色、产量高、价格实惠而远近闻名。仁兆一年的蔬菜总产量能达到 2 万多吨。

不过，虽然产量高，但竞争过大，销路一直让仁兆镇揪心。所以，从 2005 年开始，他们就开始琢磨怎么占领韩国市场，往韩国出口泡菜。仁兆镇想办法，仔仔细地研究韩国人的喜好，包括他们喜欢的白菜类型、佐料和腌制方法等。时任村支书李钦喜说："韩国市场喜欢什么样的、日本市场喜欢什么样的，我们都知道，从播种开始，我们种的就是日韩喜欢的品种，用的则是日本的种子。"

图 7　山东盒装芦笋

就这样，几年之后，韩国人在餐桌上已经根本分辨不出泡菜的发源地了。所以，你现在在韩剧里看到的泡菜，很可能是中国泡菜。为什么我要强调现在？因为即使当时已经做得不分

伯仲，但传统的韩国主妇在超市里选购时，还是会优先选择本地泡菜。但在10多年前，一个巨大的"黑天鹅"事件，成为仁兆镇泡菜出口的转机。

二、"命中注定"的泡菜危机

据统计，每年韩国都需要消耗200万吨左右的泡菜，其中大白菜是制作泡菜的主要材料。正常情况下，韩国一棵大白菜是2000韩元，约合人民币12元。虽然不便宜，但是也符合韩国人正常的消费水平。

2008年，当时的韩国总统李明博为了推动韩国四大江治理工程，征用了汉江、洛东江、锦江、荣山江沿岸的大片土地。但这些土地恰恰是韩国白菜的主产区，所以这一行为直接导致白菜地面积锐减。再加上2010年韩国连续遭遇大雪、低温、台风等极端天气，本就不富裕的韩国普通家庭更是雪上加霜——白菜、萝卜大幅减产，只有往年一半的收成。

吃不上泡菜，老百姓迁怒于治理工程，差点导致国家大乱，也因此，有了韩国"百年一遇的泡菜危机"。当时白菜价格一度飙升至81元/棵，萝卜的价格也由6元/根涨到20元/根。按照往年每家每户腌制30—40棵白菜来计算，一坛泡菜至少要花2400元人民币。白菜再也不是白菜价，当时的白菜，

第二章 韩国人的泡菜尊严，被一个山东小镇"侮辱"了

被韩国人称为"金白菜"。

为了缓解危机，李明博急忙从韩国菜农手里收购高价白菜，再以七折的价格将菜卖给百姓，即使如此，数量仍然有限。于是，当时的首尔人民，天没亮就起床前往市场，排队 5 个小

图 8　街边到处都有的韩式泡菜招牌

时抢购白菜，但就这还不一定能抢到。李明博只好呼吁大家用卷心菜来腌泡菜，结果连带着卷心菜也涨到 58 元/根了。

为了稳住局势，韩国政府只能紧急从中国进口白菜和萝卜。

对韩国政府来说，这可是重大突破。往常，韩国严格限制进口中国的白菜，有多严呢？要知道，一般国家都是对高科技产品、高利润产品收重税，以此限制进口，但是韩国对大白菜进口都要收 30% 的关税。而当时，实在没办法的韩国政府，宣布暂时免除白菜 30% 和萝卜 27% 的进口关税。

首批 80 吨中国白菜进入韩国市场后，大白菜的价格立刻下降并稳定在 15 元人民币。这波"泡菜危机"，表面上看

似是天气影响的偶然事件，实则牵涉出更深层次的粮食安全问题。

众所周知，韩国国土面积仅 10 万平方千米，和浙江省不相上下。人均耕地面积更是少得可怜，只有 0.04 公顷，是全世界人均耕地面积最少的国家之一。由于地理空间限制，韩国粮食种植形不成规模，产量自然很难上去，年均粮食自给率约为 23%，远低于 101.5% 的世界平均水平。

一般情况下，一个国家的粮食自给率越高，它的粮食安全性也越高。很显然，韩国不太具备这方面的优势，而这也成为它被掣肘的原因之一。美国前国务卿基辛格曾说：

> 谁控制了石油，谁就控制了所有国家；谁控制了货币，谁就控制了全球经济；谁控制了粮食，谁就控制了人类。

现今世界上，美国掌握着国际农产品标准和规则的制定权，其农产品市场几乎成了国际农产品定价中心。因此，操控国际农产品定价、强买强卖、向他国倾销农产品、破坏他国农业，是美国的常规操作。

作为全球农产品出口第一大国，美国在农业方面的霸权地位，可以追溯到 20 世纪 30 年代，当时美国已普及拖拉机耕地。到 1959 年，小麦、玉米等作物的耕、播、收割、脱粒、清洗已达 100% 的机械化，并且在西进运动中一路血腥征服的模式，让美国拥有了高度集中的大农场生产模式。

特别是第二次世界大战刚结束时，粮食短缺是全球普遍现象，数千万人饱受饥饿折磨。美国的粮仓却是满满当当，有着 1850 万吨的大麦、玉米、燕麦、黑麦等粗粮储量。

于是，美国以粮食援助为手段，笼络除东欧社会主义国家以外的东西半球国家，以此来牵制这些国家的政治倾向。当时，韩国也接受了美国的免费援助，当然现在要用钱来买了。

而作为传统农业大国，我国深知"民以食为天"的道理，所以这么多年一直相当重视国内的粮食供应，在一代代人的努力下，中国人基本告别了饿肚子的情况。现在，中国的粮食总产量已经连续多年稳定在 1.3 万亿斤以上。根据 2019 年我国发布的《中国的粮食安全》白皮书，小麦和稻谷两大口粮自给率超过 100%，谷物自给率超过 95%。

这也是为什么前面我会说，这并不是一次偶然事件。对韩国来说，根本性的农业基础问题如果没有得到解决，"金白菜"的问题就会反复出现。此时，只能是由仁兆镇人民救韩国人民于水火之中。在这个过程中，仁兆镇的菜民们已和韩国建立了密切的合作关系。每天村民们都要爬起来看一会儿"韩国天气预报"，对韩国的天气一清二楚。毕竟他们要根据韩国当地的天气情况，来决定大白菜的种植面积。

2020年10月，韩国白菜又一度涨到60元/棵。泡菜制作成本上升，直接导致韩国国内三成的泡菜加工厂停工。韩国国际广播电台甚至自嘲：何止是"金白菜"，简直就是在吃"钻石"。

而另一边，早有经验的山东仁兆镇菜民们，早已通过"夜观天象"，大规模种植了白菜。就这样，仁兆镇的菜民们将韩国的白菜危机，转变成了白菜商机。

三、买全国卖全球，仁兆镇模式是怎样炼成的？

不过，白菜商机可不是如此简单就获得的，仁兆镇也曾跌过大跟头，而这也让大家快速发现个体分散经营的局限所在。

2010年，因为韩国泡菜危机，仁兆镇的白菜实在是太抢手了——往年冬天，白菜的收购价一般在每斤0.1元左右，但这一年，每斤白菜的收购价也越来越高，从0.45元涨到了0.5元，还供不应求。常常是白菜还在地里，就已经卖光了，3亩地的白菜就可以卖1万多元。许多菜农连一片叶子也不舍得丢。想预订白菜，必须把整片地都包下。

于是第二年，很多菜农坐不住了，开始大面积跟风种植。然而，菜农们没想到，这一下供过于求，大家因菜血亏。

第二章 韩国人的泡菜尊严，被一个山东小镇"侮辱"了

2011年的收菜时节，山东省蔬菜大丰收，郭庄镇、仁兆镇、古县、南村镇等多个地区家家户户的冷库里，都被大白菜塞得满满当当。大家都期盼着白菜能卖出个好价钱，但实际情况却让他们大跌眼镜。

此时，一斤白菜的种植成本0.2元，但最后只能卖到0.02元钱，一棵白菜两三斤才卖到0.06元，一亩地8000斤白菜，才卖160元。如果请人收割，还得再花钱，这样还不如不卖，卖了亏得更多，菜农们索性把白菜直接扔在地里。和前一年的高价白菜相比，这一年的白菜着实伤了很多菜农的心。

价格贵时大家一拥而上，销量不好，种的人就少，这几乎成了一种循环。信息不畅通，无法预知市场；信息滞后，散户扎堆种植，都成为此时亟待解决的问题。

后来仁兆镇政府直接出面，在辖区成立了蔬菜经营主体联合会，把38家蔬菜合作社、行业协会、家庭农场组织起来抱团发展，主要任务就是建立平台，打通信息。

有了来自加工厂的需求信息，菜农种菜不再跟风，而是由泡菜厂下订单，菜户根据订单来控制产量和品种。有了稳定高质的菜源，剩下的就是达到泡菜出口标准。为此，仁兆镇的菜厂们更是下了一番苦功夫。

泡菜作为腌渍品，被质疑得最多的问题就是亚硝酸盐，这

也是泡菜出口需要突破的第一关。亚硝酸盐的产生有两个条件：有细菌，有盐。

泡菜属于生鲜食品，不能通过煮沸等方式杀菌，所以为了降低亚硝酸盐含量，仁兆镇泡菜厂工人们想尽了办法，即一切从源头做起，严格把控。

在厂房里，工人们需要穿戴好无菌工作服，每棵白菜都要清洗 7 次，并且在清洗、腌渍、储存、运输的每一个环节中，都保证全程低温，以此抑制细菌滋生。

"通过我们一道道工序的把关，我们现在的菌落总数控制数字已经超过奶粉的国家标准了。"工人们自豪地说。所有的材料，仁兆镇也严格保证质量，哪怕只是小小的蒜泥辅料，也用的是出口级别的，并且还手动挑选出所有不合格、有问题的蒜，从原材料上保证新鲜口感。

可以说，仁兆镇的泡菜之所以能持续征服韩国，靠的不仅是实惠的价格，更是过硬的质量。

面对仁兆镇这样以一镇之力影响韩国一国的情况，韩国人当然也十分紧张。2018 年危机后，韩国政府开启了"泡菜保护模式"，准备振兴泡菜产业。

仁兆镇村民李文彬有一个 240 亩的蔬菜基地，他说："如果咱们自己这边不够，还可以从内蒙古和张家口调货。"这就是仁兆镇"买全国卖全球"的模式，现在已经作为典型推

第二章 韩国人的泡菜尊严，被一个山东小镇"侮辱"了

广全国。我研究了一下，认为把它叫作"大数据种菜"也不为过。

由于种菜受季节影响非常大，为了实现全年供应，仁兆镇菜民想了一个办法：他们开始从全国各地进货，做成泡菜，然后再出口全世界。

2018年，他们了解到张家口的白菜滞销，而此时刚好韩国再次受灾，白菜出口供不应求，于是他们就开始帮张家口兄弟出货。而随着成功帮助解决张家口的滞销问题，一张庞大的白菜网络也慢慢构建了起来。

据国内最大公路干线运输平台满帮货运大数据统计，山东既是我国最大的白菜输入省份，也是最大的输出省份。仁兆镇蔬菜经营主体联合会会长吕仁智说，他们现在已经不是单纯种菜，而是种大数据。

> 全国重要的产区，我们都有靠谱的统计员。哪里能产多少菜，今年什么菜可能会涨价，销售种子量、种植面积、气候等要素综合起来，就能预判一二。即便菜不种在身边，也能做到心中有数。

而且，不只是白菜，仁兆的"买全国卖全球"模式已经推广到全国各个蔬菜品类，大家都纷纷在学习大数据种菜。

所以，即使在 2020 年受疫情严重影响的时候，前三季度山东省蔬菜出口量和货品总价值仍然分别实现 8.2% 和 7.1% 的增长。这就是吕会长说的："菜只有先在国内转起来，才能指哪里供哪里。"

其实除了山东之外，四川也是我国的白菜大省。四川眉山在 1500 年前就开始做泡菜，是"中国泡菜之乡"。所以，在做泡菜这件事上，韩国属实是难以竞争了。当初韩国政府宣布：泡菜行业国际标准不适用于韩国泡菜，这也是正确的。因为这个是国际标准，主要是用在国际出口贸易上，韩国泡菜量都不够，根本不可能出口，也就用不上这个标准。

说到底，看似不起眼的泡菜，其背后仍然是粮食安全问题和大国综合实力的比拼。一个越来越明显的事实是，天灾固然不可避免，但不一定必然导致饥荒，而政治却可以。在中国，就是有无数个像仁兆镇这样的种菜天赋型选手，不怕苦不怕累地让中国人民把饭碗牢牢地端在自己手上，还有余力出口国外。韩国已然无法再现泡菜辉煌，如今他们只能靠仁兆镇的泡菜来保证供给。

第二章 韩国人的泡菜尊严，被一个山东小镇"侮辱"了

参 考 资 料

1. 陈晓婉.山东菜农："泡菜危机"里抢商机［N］.大众日报，2020-12-04.

2. 钟杰，崔汝平.仁兆镇："买全国卖世界"的胡萝卜产业模式是如何炼成的［EB/OL］.（2017-06-03）青岛新闻网.

3. 青梅.仁兆镇攀亲高科技平台打造"青岛蔬菜数字小镇"［EB/OL］.（2020-04-10）中国网.

4. 酷玩实验室.韩国人的泡菜尊严，被一个山东小镇"侮辱"了…….原载于微信公众号"酷玩实验室"，2021-01-29.

5. 张纬杰."世界粮食危机"只是某些国家霸权主义的武器？［EB/OL］.（2022-06-02）腾讯网.

6. 长江蔬菜.30多年，蔬菜已改变中国！这里藏着大国蔬菜崛起的实力！.原载于微信公众号"长江蔬菜"，2021-04-23.

第三章

因为台湾地区，
全国人民知道了这个广东菠萝小镇

2022年5月，据媒体报道，中国台湾地区销往日本的菠萝，多次出现病虫害、发霉、黑心等问题，直接导致台湾地区菠萝市场价格骤降。

过去一颗台湾地区的菠萝可以卖到700多日元，如今只能卖到100多日元，折合人民币4.95元。而且在日本卖场上，台湾地区的菠萝不仅被放在低价区，旁边还要加一行字，说明"如果黑心，免费退货"。对此，很多在日本的台湾人表示很没有面子。

2021年2月，因为多次截获检疫性有害生物，海关总署就宣布暂停进口台湾地区菠萝。

之前，台湾地区菠萝90%的出口量、大概5万吨都是销往大陆，而这回是彻底没了市场。不过对大陆来说，影响不大。没了台湾菠萝，我们还有更香、更甜的徐闻菠萝。江湖上一直流传着一句话："每3个中国菠萝就有1个来自湛江徐闻。"

说起广东省湛江市的徐闻县，可能很多人都没有听说过，但就是这个听起来平平无奇的小县城，如今已经成了菠萝界的王者。那么湛江徐闻，究竟有什么来头？

一、北青岛，南湛江

提起湛江，很多人肯定不陌生。

2020年，一部高分悬疑剧《隐秘的角落》将湛江带进大众视野当中。

这时候很多人才发现，原来在我国国境南端，还隐藏着这么一个明亮又复古的海滨小城。这里有湿润的海风、斑驳的墙壁、参天的老树，甚至如今还保持着具有年代感的老街风情。

但其实，湛江也曾辉煌过。

1960年，中央领导人去湛江视察时，看到其出色的城建、绿化、卫生等条件，高兴地称赞说："湛江完全可以和青岛媲美，真是北有青岛，南有湛江。"

从那以后，"北青岛，南湛江"的美誉便传扬开来。

事实上，湛江和青岛的确有很多相似的地方。

从地理位置上看，青岛位于胶东半岛，湛江位于雷州半岛，二者都是我国对外的重要港口城市，在经济和军事上具有重要战略意义。从历史背景来看，青岛曾是德国和英国的租

045

界，湛江曾是法国租界，《七子之歌》中的广州湾就是湛江的旧称，二者都有租界时期留下的城市发展基础。从经济基础看，青岛是山东第二大城市，湛江是广东第二大城市，20世纪50年代就拥有港口、机场和火车站，而且高校数量在全省至今仍仅次于广州。从发展机遇看，1984年5月，湛江和青岛又一起被列入全国首批14个对外开放沿海城市。可以说，在改革开放初期，湛江和青岛是在同一起跑线上的。

今天的青岛已成为一个光彩夺目的明星城市，"海尔""海信""青岛啤酒""澳柯玛"等国际名牌在这里熠熠生辉，然而湛江的"三星""半球"却早已辉煌不再。

根据2021年各城市地区生产总值数据，青岛地区生产总值数值达到1.41万亿元，湛江仅有3559.93亿元，两者之间的差距非常大。青岛和湛江的发展，为何会有如此不同？这背后有一个充满遗憾的故事。

20世纪80年代刚改革开放之时，青岛便利用国家对沿海开放城市的优惠政策，加强与日韩等国家的合作，发展工业，实现外向型经济的跨越发展。

1992年，青岛乘着中央领导人"南方谈话"的东风，获批副省级城市，推动经济国际化，把合作对象扩大到欧美，着力引进世界500强企业和一流央企，发展品牌经济、港口经济和海洋经济。

第三章　因为台湾地区，全国人民知道了这个广东菠萝小镇

2002年之后，青岛又抓住中国加入WTO的契机，推动青岛对外经贸迅速发展，成功举办2008年奥运会帆船比赛。近年来，青岛更是把握住山东半岛蓝色经济区规划的机遇，推动海洋经济转型升级，发展战略性新兴产业。

青岛，踩对了每个时期的发展节点，一步步坐稳了山东发展的龙头。

反观湛江，当20世纪80年代改革开放，各地都在招商引资、发展工业时，作为第一批沿海开放城市，湛江要政策有政策，要基础有基础。但湛江因为农村人口众多，选择了农业立市，重点发展水产养殖和农业。许多单位为了完成任务，贷款养虾，湛江因此还背上了60亿元的财政包袱。

20世纪80年代末，因错失工业发展的十年黄金期，湛江对外贸易全省倒数，地区生产总值跌到广东第9位。

20世纪90年代，湛江终于看出形势不对，赶紧出大招——新上任的领导班子终结了"两水一牧"的时代，提出"依托大港口，发展大工业，促进大流通，形成大发展"的四大方针，希望还能赶上发展的顺风车。

不曾想，路走歪了，说好的大发展沦为大走私。

"9898走私大案"案值达110亿元，偷逃税收62亿元，导致湛江的工业、农业、投资环境都受到了很大影响，很多行业更是出现断崖式凋谢。由于商业不发达，就业机会少，湛江

047

人口呈现净流出状态，每年大量的青壮年劳动力及人才流到了珠三角或外省。

按照经济发展水平，湛江一度与阳江、汕尾、揭阳等8个城市一起，被划入广东"三类地区"，即"经济发展水平较低的地区"。北方的青岛、自己身边的深圳与珠三角都在蓬勃发展，而曾经排行老二的湛江，就这样被时代落下。至此，北有青岛，南无湛江。

二、红土地上诞生的"菠萝的海"

港兴则城兴是世界上港口城市发展的不二法门。在经历惨痛的历史教训之后，湛江于2003年提出了"工业立市，以港兴市，城以港兴，港以城活，相得益彰"的发展战略，着力打造湛江港，以湛江港的发展来带动全市的工业发展。

从"十一五"开始，湛江就不断引入重大产业项目，中石化、中石油、中海油三大石油公司，宝钢、巴斯夫等一众世界500强企业到湛江投资，这些支柱产业成为湛江经济重要的增长点。

2017年，广东省委、省政府把湛江列为广东省域副中心城市。2018年，根据工信部发布的《2018年城市产业竞争力指数白皮书》，湛江进入"中国城市产业竞争力百强城市"。

第三章　因为台湾地区，全国人民知道了这个广东菠萝小镇

2020年，根据科技部火炬中心发布的《广东省2020年高新技术企业名单》，湛江高新技术企业总量达301家，首次突破300家大关，居粤西首位。很快，"学青岛，推崛起"，成为湛江向前的目标。与此同时，湛江下辖区县也开始发力，其中就有如今势头正猛的徐闻县。

徐闻，曾是中国古代"海上丝绸之路"的始发港之一。苏东坡曾感慨说："四州之人以徐闻为咽喉。"此前，这里曾经商贾云集、百舸争流，对外贸易盛极一时，如今这里也是坐火车去海南的必经之路，从徐闻上船过琼州海峡，这是最短的路程。

但随着历史变迁，运输需求不再集中于徐闻，这座城市的光芒逐渐黯淡下来。它不仅成了距离省会最远的县，也成了湛江最穷的城市，命运就是这么神奇。当年湛江以农业立市的方针短暂地失败了，如今却成为徐闻兴盛的财富密码。

2021年2月6日，一趟名为"菠萝的海"专列的高铁线路正式开启。它每日运行22个车次，贯穿北京、甘肃、陕西、广东等14个省市，列车从大西北、胶东半岛，一直开到长三角、珠三角地区，而且沿途无论是海报、桌贴、头片还是灯箱，都是菠萝主题，乘客仿佛置身于菠萝的海洋中。

据说下一步马上就会把菠萝带到列车上，让乘客可以品尝又鲜又甜的徐闻菠萝。没错，这个高铁专列，就是徐闻县政府搞出来的。而且，当地真的有一个"菠萝的海"。

049

表1 2016—2020年世界菠萝销售前10名数据（单位为吨）

名次	国家	2020年	2019年	2018年	2017年	2016年
1	菲律宾	2702554	2747856	2730985	2671711	2612474
2	哥斯达黎加	2624118	3328100	3418155	3317028	2923158
3	巴西	2455689	2418321	2652231	2309634	2559117
4	印度尼西亚	2447243	2196456	1805499	1795986	1396153
5	中国	2220261	2158691	2057084	1494800	1399500
6	印度	1799000	1711000	1706000	1861000	1924000
7	泰国	1532505	1825257	2350887	2328378	2013634
8	尼日利亚	1508201	1514453	1509886	1500265	1533634
9	墨西哥	1208247	1041161	999593	945210	875839
10	哥伦比亚	882633	1008687	899404	944210	980082

这一切还要从徐闻的特点讲起。徐闻的地形，可谓"一半是火焰，一半是海水"。海水就是指徐闻本身沿海，而火焰指的是徐闻的红土地。

徐闻号称"坐在火山口上的县"，因为这里都是火山喷发形成的缓坡台地，火山灰形成的红土地富含矿物质，呈弱酸性，适合种植菠萝。

作为农业大县，徐闻种植菠萝已经有近百年的历史了，因此菠萝是它的优势产业。

1926年，祖籍徐闻县龙塘乡北平村的倪国良从南洋返乡后，将带回来的菠萝种苗种植在曲界愚公楼一带。没想到，红

第三章 因为台湾地区，全国人民知道了这个广东菠萝小镇

土地上养出的菠萝完全不输马来半岛种植园里的，其果肉金黄亮眼、鲜甜多汁，深受当地群众的喜爱。

很快，徐闻县乃至雷州半岛、海南、北海等地都种上了菠萝。其中仍以徐闻菠萝最为有名，其果型大且漂亮，果肉甜香，被认定为中国"国家地理标志保护产品"，入选中国名特优新农产品名录，如今规模已占全国产量的1/3。

俯瞰徐闻，深浅不一的土地，再加上颜色鲜艳的菠萝地，连片35万亩被海风浸淫的菠萝成就了中国最著名的菠萝种植景观带，因此取名为"菠萝的海"。2014年，"菠萝的海"被全球知名旅游指南杂志《孤独星球》推荐为广东15个顶级

图9 成长中的菠萝

051

旅游体验地之一。

但农业这行靠天吃饭，农户往往是被动等待，既不知道菠萝能卖去哪里，也不知道市场需要多少。因此很长一段时间以来，如此庞大的种植量，却未曾带给徐闻果农丰厚的收益。

"徐闻菠萝大批滞销""0.15元一斤仍无人问津""本是畅销品的菠萝价格却持续地走低"，成了常见的新闻头条。

一般来说，菠萝需要培育一年半才能采摘。一旦滞销，价格降低，果农们需要花费三年的时间和心血才能抚平伤痛，期盼来年能卖个好价钱。以前，徐闻曾试过"爱心采购"，但治标不治本，结果不尽如人意。

2016年，徐闻菠萝出现滞销，网络电商"笨鲜生"为了帮助农民销售，以29.9元10斤包邮的方式，卖出了60万斤，结果许多买家收到货之后却发现菠萝大部分已经坏了。为此，"笨鲜生"也表示，存在果农坐地起价、成本高涨等情况，导致发货和品控出现了严重问题。一场爱心帮扶，结果却无人受益，背后更是深深反映出了在卖好菠萝这件事上，徐闻任重道远。

如今，徐闻已找到新的破解之法。

三、徐闻菠萝：丰产不贱卖，大疫未滞销

据徐闻县农业局统计，2022年菠萝产量为历年最高，约

第三章　因为台湾地区，全国人民知道了这个广东菠萝小镇

达 79.6 万吨，比 2021 年增加了 4 万吨。

按照以前这种产量大增的情况，徐闻菠萝一定又会出现低价、滞销的情况，但 2022 年菠萝产值也为历年最高，达到 25 亿元，而且不是靠降价达成的。

2022 年，徐闻菠萝销售的价格行情普遍稳定，呈现每斤 1.3 元至 2 元的稳定价格，收购均价达到每斤 1.5 元。

这场大丰收的背后，是广东农产品市场体系建设的经验做法"12221"①发挥了重要作用。这一做法可以让果农不再靠天吃饭，而是巧用大数据，跟着市场走。

"12221"的第一招，是推出一个农产品大数据平台，摸清菠萝市场产供销现状。"包括全中国菠萝经销商的分布、各地果品批发市场的分布、各市场里的菠萝档口的分布等，然后全部汇总在一张网上展示出来。"即让种菠萝的和买菠萝的都能做到心中有数，避免过去盲目的状况。

第二招，是两个市场，即拓展销区市场，完善产区市场。根据不同渠道的采购需求，给菠萝分级，做好品控、包装、物流等采购服务。为此，徐闻县人民政府还组织开展徐闻县菠萝品控承诺行动会，签订菠萝品控承诺书 13808 份，可以说是

---

① "12221"指：一个大数据；两个市场（拓展销区市场、完善产区市场）；两支队伍（组织销区采购商队伍、培养产区经济人队伍）；两场活动（采购商走进产地、产品走进大市场）；一揽子目标。——编者注

有组织、有责任地保障徐闻菠萝品质，从源头确保徐闻菠萝不出现品控问题。

第三招，组建销区采购商和培养本地菠萝产业经纪人两支队伍。为了让产量跟上销量，徐闻成立了采购商联盟。在西安、喀什、兰州、上海、重庆、北京等全国各大城市里都有徐闻菠萝采购商，同时，徐闻还启动百千网络直播大培训，致力培养一手拿锄头、一手用手机，既会种菠萝，又会卖菠萝的"双栖新农人"。

据说，在徐闻的菠萝园里，果农人人都会玩短视频，连村里的孩子都会用手机编辑视频。为此，果农小韩兴奋地说："衣服可以买便宜的，手机肯定要买好用的，方便网上联系客商！"徐闻县县长也亲自下场带货。

光是线上平台，徐闻日均就要卖出4万斤至10万斤不等的菠萝。

第四招，就是策划采购商走进产区和农产品走进大市场两场活动。过去搞营销，都是原产地办，但徐闻别出心裁，决定把菠萝大舞台搬到全国各地，前面提到的"菠萝的海"专列，就是"广东菠萝甜蜜中国行"的打卡活动，通过高铁专列开到京津冀、长三角和大西北等地的全国11个大城市展示徐闻菠萝，还通过线上线下联动，让徐闻菠萝再次火出圈。不仅如此，徐闻菠萝还走出国门，出口到俄罗斯、日

第三章　因为台湾地区，全国人民知道了这个广东菠萝小镇

本、吉尔吉斯斯坦等国家，实现徐闻菠萝出口跨境电商的突破。2023年，徐闻更是乘"RCEP菠萝国际采购交易中心"的东风，首次出口徐闻菠萝到新加坡。和台湾地区的菠萝相比，那抢手得不是一星半点儿。

这么一套组合拳下来，徐闻菠萝真的成了果农们的"致富果"，辐射带动农户近5万户、劳动力14.6万人，近5年来人均GDP由23748元增至33676元，最终实现"12221"里的品牌打造、销量提升、市场引导、品种改良、农民致富等一揽子目标。

在徐闻大放异彩之后，"12221"模式很快就开始在广东省全省推广。2021年9月29日，广东发出《关于进一步加强广东农产品"12221"市场体系建设工作的通知》，开始向全省传授成功经验。

与此同时，从开平鸭蛋、遂溪红薯、广东荔枝到梅州蜜柚、惠来鲍鱼、阳西生蚝等一批"粤字号"农产品，已经卖出了自己的气势。许多果农纷纷表示："卖荔枝这么多年，这是最有尊严的一年！"

在2020年初疫情暴发时刻，徐闻也牢牢稳住了菠萝大局。那年，菠萝依旧丰收，徐闻县政府科学研判，一方面积极采取防疫措施，另一方面按照分区分级进行精准防控，在全省率先于2月18日就撤销镇村卡点，保证了交通畅通。

接着，县政府紧急安排农户补贴，还推出暖心优待采购商的政策，对县外来徐闻的采购商，实行定点接待，免费提供住宿。还成立了专门的服务组和采收队，让外地客商放心进货。一位山东果商田先生说："很少有地方的服务能这么到位，连最头疼的装运用工问题也解决得很好，一到田头就可以采摘装运上车。"

最终，在县政府和果农的齐心协力下，他们实现了逆转，2020年徐闻菠萝销售（含加工）超过了60万吨。在菠萝主产镇曲界镇，仅邮政银行农户存款余额就达12.56亿元，增长率为26.68%。

除了在销售渠道上精准发力，徐闻还专门研究起大众的口味。徐闻的一位网红县长——著名的博士副县长刘义存说，之前我们以为菠萝种得越大越好，但我们在推广优质菠萝的时候得到的反馈不是我们想象中的那样。消费者更希望菠萝容易切、容易吃，而不是拿起来有很多刺。也就是说，市场反馈是要种成一种像西瓜一样容易吃的水果。

"我们在供给侧改革种植的标准就不应是专家认定的标准，而是以市场为标准，我们的菠萝应该果眼小、皮薄。消费者容易吃的标准，这才是真正好的市场标准。"

好一个消费者容易吃的标准！在我为撰写本书调研的地方中，徐闻县政府真的是脑子很活。我想，一个好的县政

第三章　因为台湾地区，全国人民知道了这个广东菠萝小镇

府，就是真的能做到想农民所想，急农民所急。这里面不但有很多难度，还要冒很多风险，不但要求政府真的深入市场、深入群众，而且还要有强悍的营销能力和远见。而且最重要的是，不再只是靠单纯的"爱心帮扶"和政府吆喝，而是切实拿出解决方案，走科学的宏观调控之路。将万亩菠萝地开发成"菠萝的海"，是县政府牵的头，如今不但给当地增加了旅游收入，还成了著名的地标，在消费者心中将菠萝和徐闻连接了起来。

开发"菠萝的海"高铁专列，也是县政府想出来的，不但可以解决一定的交通问题，还成了一个成功的营销案例，吸引了无数游客前去打卡。如今，越来越多的人想去菠萝的海旅游参观。

作为一个历史悠久、文化底蕴深厚，并且生态保存良好的旅游处女地，徐闻除了菠萝的海之外，还有中国大陆最南端的标志物灯楼角、中国最美海岸、保存最完好的珊瑚岛群、珊瑚主题民宿、广东七大盐场之一的日光浴，还有很多奇形怪状的美丽海岛可以探险。当然，还有菠萝汁、菠萝冰激凌、菠萝果酒、菠萝罐头、菠萝饮料、菠萝果脯、凤梨酥。总之，徐闻进可海岛玩探险，退可游泳吃菠萝，可谓旅游界的菠萝圣地，游客界的蓬莱仙境。

说起来，我一直觉得徐闻这个地名很特别。一种说法是说

徐闻地处雷州半岛南端，三面环海，巨浪滔滔，涛声震荡，徐徐闻之。还有一种说法是说，徐闻地处中国大陆的最南端，远离京都长安，通信不畅，皇帝的诏令传遍全国了，只有这里才徐徐而闻，所以定名为"徐闻"。

对于湛江和徐闻的人民来说，或许在曾经的时代浪潮里，徐闻短暂地落下了。但一步步求发展、谋出路，过好自己的日子的本心，仍然会带领它向前。毕竟，"青岛是山东的明珠，湛江迎来新的机遇，徐闻有了菠萝的海：我们都有光明的未来"。

第三章　因为台湾地区，全国人民知道了这个广东菠萝小镇

参 考 资 料

1. 智研咨询.2020年徐闻菠萝种植现状分析：产量占全国菠萝产量35%以上［EB/OL］.（2020-12-29）产业信息网.

2. 甜蜜派送！"徐闻菠萝"高铁专列启程，跨越14个省市！［N］.湛江日报，2021-03-01.

3. 林小军，吴建韬，张锋锋.逆境破解销售难题，徐闻决胜"菠萝战役"［N］.湛江日报，2020-03-16.

4. 袁丁，范琛，崔财鑫.对标青岛，湛江谋崛起［N］.南方日报，2013-11-21.

5. 周其仁."通商兴农"的启示［EB/OL］.（2021-11-07）新华网.

第四章

这个勤劳的中国小镇
成了欧洲人的噩梦

一、勤劳成了"罪过"

2004年,西班牙埃尔切市发生了一次阵仗很大的烧鞋事件,而烧毁的目标正是温州皮鞋。当天,一共16个集装箱里的鞋子被毁。这并不是一次官方行为,而是当地民众出于不满,自发对中国皮鞋的一次集中报复。起因是中国鞋抢了埃尔切人的生意。当时的经济损失,据估算约合800万元人民币。更夸张的是,在这一起烧鞋泄愤之后,西班牙其他城市还都出现了支持埃尔切人的传单,一时之间一呼百应。

据华人鞋商目击者回忆说:"烧起来以后,我们叫来了救火车。当时,部分抗议者躺在地上,不让救火车进来,警察也不管。救火车被挡住了半小时左右,大火把整个仓库都烧着了,警察不得已朝天开了几枪,吓跑了暴徒,救火车才开了进来。但是,太晚了,已经整个烧完了。"后来,50多位中国鞋商只能开来几十辆推土机和汽车,保卫自己和鞋城的鞋。

第四章 这个勤劳的中国小镇成了欧洲人的噩梦

这种情况,只是一些西班牙人对中国人厌恶的一个缩影。而他们之所以讨厌中国人,很大程度上,竟然只是因为两个字:勤劳。

我 2017 年前后曾经在西班牙待了 10 天,当时最明显的感觉是西班牙人真的非常懒,白天上班懒散,检票效率奇低,晚上反而酒吧到处爆满,所有人精神抖擞。

另外,因为宗教原因,大家礼拜日不工作,不管富人、穷人,几乎所有的店铺都关门了。我作为一个游客,周日那天没有饭吃,外卖也没有,只能去唯一一家中国人开的小便利店买了面,自己回宾馆煮着吃。尽管如此,当地人还对在礼拜日开店的中国人非常不满,觉得他们竟然在礼拜日工作,简直不可思议。

2012 年 10 月,西班牙展开了一场搜捕行动,代号"皇帝行动"。马德里郊外有一个著名工业区,叫科博加列哈,号称"西班牙的义乌"。除了因为这里是南欧著名的小商品集散中心之外,还因为聚集着大批华商。10 月 16 日,500 名西班牙缉私警察把这里围住,突袭搜查华商。

这次行动拘捕 83 人,大部分是华人,这些人被搜出 1200 万欧元的现金,200 辆汽车被扣押,近千人的账户被冻结。西班牙警方称这次行动捣毁了一个以华人为首的大型犯罪团伙。

坦白说,华商的一些灰色操作确实违法,但这次搜捕行动还是不太合理。比如，行动当天，西班牙各大媒体都进行了长篇报道，诸如《中国黑手党被清洗》之类的标题，直接把中国人和黑社会性质组织牢牢锁死，甚至将敲诈、卖淫嫖娼、非法赌博、贩卖人口这些标签等同于中国人。

但其实，这里的绝大部分华人就是普通的生意人，这样的报道使得华人群体通通成了"过街老鼠"。更离谱的是，这次行动被定性为反恐行动，"待遇"远超一般的经济犯罪。当时的西班牙内政部部长声称：这次搜捕对西班牙摆脱经济危机有帮助。但显然，打击华人和挽救西班牙经济没有任何关系。

这里有一个大的背景，2009年欧洲爆发了债务危机，西班牙经济也开始下滑，当年GDP就下滑3.7%，创10年最大降幅。国家财政从盈余转为赤字，成为欧元区财政赤字第三高的国家，全国失业总人数达392.4万人，创1996年以来的最高纪录。当时，超过一半的西班牙年轻人没有工作，失业率高达51.4%。很多年轻人面临的场景就是："投出去几百份简历，但没有一家公司通知面试，甚至连周末去当餐厅服务员的机会都少之又少。"

与此同时，西班牙民众的生活也一落千丈，普通民众只能靠领取失业金勉强维持生计，但是一个人的失业救济金只有380欧元，根本不够支付一家人的生活开销，很多人都得勒紧裤腰带生活。

第四章　这个勤劳的中国小镇成了欧洲人的噩梦

在欧债危机到来的前 10 年，西班牙的地价上涨了 5 倍，而如今西班牙的房地产泡沫早已应声破灭。距离首都马德里只有半小时车程的小城耶比斯，250 多排房子整齐地铺在山坡上。但是，这些房子大部分都没有出售，很多已经处于荒废状态，房内一切值钱的东西，包括水管、散热器、门等，都已经被偷走。这种空房现象在西班牙并不少见。2010 年 12 月 13 日《世界报》的一篇报道称，仅在西班牙位于地中海的领土——巴雷阿雷斯群岛自治区就有 4.5 万套空房等待出售。

无奈之下，西班牙首相宣布实施政府财政紧缩计划：一是大幅提高税率，增加税收，让原本就不富裕的企业，雪上加霜；二是减少政府开支，公务员的工资削减 5%，停止增加退休金支出，还通过了退休年龄上调 2 年的法令。此外，预算还不断削减，仅教育预算就削减了 20 亿欧元。这对一向以高福利自居的西班牙民众来说，无异于釜底抽薪。果然，西班牙各地随后就爆发了大罢工和大规模的示威抗议。

和西班牙高失业率形成鲜明对比的是，勤奋又节约的华人，进一步降低生产成本，在这时"一枝独秀"了起来。当时，华人的企业主增加了 1.5 万人，年增长率为 74%，在西班牙失业率高达 24% 的时候，华人的失业率只有 5%。当时，华人已经把中餐馆、百元店、服装店开满了西班牙的大街小巷，华人的工厂靠着低廉的价格抢占了市场。这势必导致西班牙人的生意受到威胁。

在皇帝行动中被认定为犯罪团伙头目的是一个西班牙有名的华商，叫高平。2007年，西班牙国王访华的时候，他还是唯一一位被王室和西班牙政府邀请陪同的华商。高平是浙江青田县人。

二、"转正王者"青田帮

很久以来，青田人都有拖家带口去欧洲做生意的传统，他们在社会上被称为"青田帮"，比如在巴塞罗那，青田人占到了当地华人总数的70%以上。

他们在中国国内第一次引起注意是在1992年。西班牙巴塞罗那即将举办奥运会，西班牙为此进行了一次规模空前的大赦，给非法移民合法身份。消息一出，远在中国的青田县公安局竟然出现了一批主动接受处罚的人。这些都是在西班牙的青田人，他们来主动领罚，是为了让公安局出具无罪证明，让自己能够取得合法身份。1986年至2005年之间，西班牙一共实行了6次大赦，每逢大赦，青田县公安局总会出现这样的场景。

青田人在欧洲立足，先偷渡溜进欧洲打黑工，之后转为合

第四章 这个勤劳的中国小镇成了欧洲人的噩梦

法身份做雇工，最后当雇主。从黑工变雇工，大赦就是天赐良机。

而且，西班牙的行为其实也释放了一个信号：我是一个动不动就会大赦的国家。这个暗示就很明显了，哪怕暂时拿不到合法身份，更多非法移民也会选择先在西班牙等着下一次大赦，西班牙就这么成了"黑户之首选"。

据说巴塞罗那市中心著名的服装批发市场里，经营者是清一色的青田人。不少西班牙人还能听懂一点青田话，先在欧洲留下来的青田人，是名副其实的"全村的希望"，他们承担着整个家族的移民任务。

1937年，陈迪光出生于青田县阜山乡岗下村——阜山是偏僻山区，挣钱养家十分艰难。于是，陈迪光的父亲就一直在欧洲打拼，直到父亲年迈，陈迪光才有机会去西班牙与父亲团聚。到西班牙以后，陈迪光最开始是在别人的餐馆里打工，聪明好学的他在短时间内就学会了一些经营饭店的技巧，很快在西班牙开起了自己的中餐馆。他所创建的长城饭店曾在西班牙社会引起了轰动。

龙和灯笼是长城饭店里的标志，腰果鸡丁、炒米饭、炸春卷是这里的特色。另外，陈迪光还根据西班牙人的口味给这里的中国菜都做了调整，凭借着品种丰富、口味独特、价格合理的特色，深受西班牙人的喜爱。而陈迪光秉持着"先富带动后富"的理念，多年来，帮助了不少青田老乡来西班牙谋生。

凡是亲友同乡来西班牙，陈迪光都要接机，然后免费给他们提供食宿，给他们买衣服，甚至给零花钱。新来的人不会开餐馆，他就留他们在自己的店里学习；有的人没有做生意的本钱，那就借钱给他们。有的还给他了，有的因生意亏本，无能力归还，有的不见了踪影，但是陈迪光从不计较，还是一如既往地给别人提供帮助。而且这种借钱，基本就是无息贷款，比银行的融资方式还好用，既稳定又高效。等这位年轻人赚了钱，还清集资之后，他也会主动资助下一个创业者。

青田人这种老带新的方式也被称作"青田模式"，这让"青田帮"在短短几十年时间里迅速在西班牙站稳脚跟。

如果你去过西班牙，就会发现在西班牙许多的中国餐馆里，菜单的名称、菜单的编码都与长城饭店的一样，中餐也成了西班牙华人经济的第一桶金。但青田帮的产业，却不止于此。之前提到的明星华商高平，巅峰时期在西班牙拥有700多家连锁超市。

高平的老家是青田县东源镇项村，和陈迪光一样，属于家境贫寒的类型。不过高平没有一个在西班牙的父亲，为了能以一个"合适"的身份争取到西班牙签证，高平改姓更名，弃用了原名项乐平，以"高平"的身份来到了西班牙。

高平的第一份工作是在中餐馆打工。一般第一代移民很少

第四章 这个勤劳的中国小镇成了欧洲人的噩梦

有人会愿意和有时间学习语言，往往在西班牙待了几十年还没法与当地人沟通。但高平不一样，尽管只有初中文凭，他还是一边炒菜，一边学西班牙语，把一本单词书都背下来了，别人要6—8年才能基本掌握的西班牙语，他三四年就已熟练运用。

20世纪90年代，随着"中国制造"异军突起，中国的外贸市场开始活跃，高平也嗅到了机会的味道。他迅速从义乌、广州进货，把小商品出口到西班牙，批发业务做得风生水起。2000年，高平与另外几位青田籍华商商议组建国贸城集团，把西班牙境内的中国籍百元店主、超市主召集起来，以入股的方式成为国贸城的股东，同时认定国贸城为他们的进货方，拿货优惠，接受国贸城的统一管理和配货。

对于利润不高的批发行业来说，规模就是生命。因此，国贸城集团迅速建立，且几乎呈爆炸式发展。

到2011年底，高平的国贸城已经稳定为西班牙、意大利等国的9000余家固定商户供货，还辐射到葡萄牙、希腊、波兰、德国以及南美各国，经营范围遍及服装、箱包、针织品、化妆品、厨具、文具、办公用品、玩具、小家电、生活日用品等超过1万个品种。

但高平的成就还不止于此。在西班牙主流媒体眼中，这个来自中国的商人，竟然还懂得投资艺术。

高平曾先后创办了艺术中心和艺术杂志，开设了两家画廊与一家艺术品拍卖公司，甚至还赞助了一支马德里的足球队。可以说，高平以他力所能及的方式在努力向西班牙社会精英的标准靠拢。2011 年，高平获得西班牙政府颁发的"中西文化交流杰出贡献奖"。

诚然，高平的操作里，多少带有一些灰色的部分，但他白手起家赚钱致富的整个过程，确实是很多青田人在西班牙打拼的缩影。如今的青田帮，已经从偷渡欧洲的廉价劳动力，变成了中欧贸易中的一支独特经济力量。青田人的产业版图以餐饮业、加工制造业、进出口贸易、批发零售业为主，还发散到旅游、建筑房产、新能源等。

至于埃尔切事件是这样的。埃尔切作为西班牙巴伦西亚自治区第三大城市，人口 20 万人，素有"欧洲第一鞋城"的称号。20 世纪下半叶，埃尔切制鞋业成功打入美国市场，靠的就是低廉的价格。但随着西班牙加入欧共体之后，增值税的引入以及西班牙政府对鞋类出口退税的取消，使得埃尔切的鞋子逐渐在美国市场丧失价格优势，不得不把出口重点转向欧洲。

哪怕是乡镇企业，中国鞋厂的设备和管理比起埃尔切的作坊式经营，早已先进到不知道哪里去了，何况还有廉价劳动力的优势。一双款式新颖、做工精良的中国鞋用轮船

第四章 这个勤劳的中国小镇成了欧洲人的噩梦

装运到西班牙后只卖 5 欧元,而西班牙生产的鞋最低价也要 8 欧元。

据当地媒体报道,仅 2003 年,西班牙就从中国进口鞋子 6190 万双,占其鞋类进口总量的 47%,价值高达 2.2 亿欧元。所以看起来,埃尔切鞋业是价格竞争,其实背后也是经营方式和产业结构的竞争。商业世界本来就是这么残酷,经济全

图 10 摆在柜台上的浙江青田产皮鞋

球化带来商品、资金、信息和人才的快速流动,"中国鞋进入西班牙市场是经济全球化的必然结果,是不可逆转的"。

低价的温州皮鞋,努力工作的青田人,这样优秀的组合击垮西班牙本地鞋业也是必然。

三、"躺平"和"内卷"

2012年2月,在西班牙发生了一个有趣的案件:

西班牙警察打掉了一个华人地下衣服工厂,发现了4名正在工作中的偷渡华人。警方指控雇主涉嫌侵犯劳工权益。

警方说:"我们听到里面传出缝纫机工作的声音,甚至夜里也是这样。他们住着拥挤的双层铺,居住环境非常脏乱。"但是后来警察发现,这4名华工竟然并不觉得受到侵犯,而且他们都是自愿的。在很多青田人看来,比起8小时,他们宁愿做满14个小时,因为这样才能尽快赚到钱,还清偷渡费用,自己开店。

在这个段子一样的案件背后,其实是两个民族思维方式的差异。在西班牙,本地人早晨9点上班,10点半集体休息,吃个早饭,中午有2—3小时的午睡时间,休息够了,下午两点吃一顿午饭,然后回到工作岗位就已经5点了,再工作到七八点下班。满打满算一天的工作时长也就6小时,还要被切分成好几段。不论贫富,大概都是这样。

西班牙人要到晚上9点以后才吃晚饭,晚饭过后就是固定的夜生活时间,一直到凌晨。有报告显示,西班牙的人均睡眠时间比其他欧洲国家少了将近1个小时。他们能这么潇洒,主要是因为他们的生活舒适。在西班牙,一个小孩出生,政府会自动给产妇2500欧元的补贴作为生育鼓励、4个月的带薪产假,父亲也会有4个星期的带薪产假。孩子每月还会有100欧元的补贴,一直补贴到3岁,长大之后又可以享受14年的免费教育。而且只要有一个人缴纳了社会保障金,全家都可以享受免费医疗,退休后还可以领取养老金,最低标准是每月782.25欧元。

南欧国家普遍都是这样,他们不需要太勤奋,就可以活得很舒适。因此很多人认为今天的南欧是世界上最"懒"的地方之一,这也和他们的政策有一定的关系。

在英国被称为"日不落帝国"之前,拥有这个称号的是西班牙。西班牙是大航海时代开启后最早的海上霸主,到处搞殖民扩张,极盛时期的殖民地面积多达3150万平方千米,比同时期排名第二的葡萄牙足足多了6倍多。西班牙对外殖民,其实就是对美洲大陆的疯狂掠夺。据相关资料记载,在大约300年的殖民时间内,西班牙一共从拉丁美洲掠夺走了超过1亿千克的白银和250万千克的黄金。

靠着掠夺来的财富，西班牙的物质生活十分优渥。工商业和农业等一切劳动型行业不是它的重点，它的支柱产业是旅游业。

西班牙拥有得天独厚的自然地理环境和悠久的历史，号称群山之国、半岛之国、海洋之国，是典型的地中海气候，终年拥有阳光和沙滩，是欧洲各国人民度假首选之地。每年的入境人数和旅游收入均位于世界第二，年接待外国游客5270万人。在旺季，一个小城市原本租金500欧元的房子甚至能涨价到1500欧元，酒店也会比平常贵一些，而且都是爆满，所以西班牙靠着个人民宿也能有很高收入。

青田就完全不一样了。青田临近温州，两地的环境也相像，叫作"九山半水半分田"，意思是山多地少，条件不好。在过去，由于当地非常贫穷，物资匮乏，就只能自强！所以这一带的人，生来就有着经商的头脑，他们也被称作"中国的犹太人"，全世界哪里有财源，他们就去哪里。

中国人的吃苦耐劳程度在全世界可谓遥遥领先，而青田人去海外主要就是为了挣钱，对娱乐兴趣不大。生活安逸的西班牙人碰上了青田人。在这个全球化的世界，留给西班牙的选择是，要么被淘汰，要么一起竞争。

2009年欧洲债务危机爆发，南欧国家一下就撑不住了。而西班牙、葡萄牙、意大利和希腊，也是欧洲最休闲的几个国

第四章　这个勤劳的中国小镇成了欧洲人的噩梦

家,公民都享受着本国财政承担不了的高福利,政府欠债,产业结构也不健康,而且因为本国劳动力成本高,一直在"去工业化"。他们非常依赖旅游、金融服务等产业。由于没有高新技术产业,国家经济非常脆弱,金融危机一来,根本无力招架。而地球的另一边——中国浙江青田县,1997年以前一直都是贫困县,而现在的青田号称"中国外汇第一县""人均存款第一县",一度还是"房价第一县"。

图11　今日青田瓯江边的夜景

现在的青田,因为有很多华侨,街头便有了各式各样的欧洲建筑。青田华侨不光把中国货卖到国外,还把外国货卖到国内,青田的侨乡进口商品城超过9万平方米,这里可以买到70多个国家的7万多种商品。

而且,近几年,青田人已经不再热衷于出国了,越来越多的人回流祖国，回乡投资创业。

"以前我们把中国的服装、电器运到西班牙自己去卖；现在随着'一带一路'建设的深入，中西两国的交流更加紧密了，而我们华侨也趁势得到更大发展。"把国外的技术、产品"搬"回国，把国内产品通过中欧班列带到西班牙，当起了"一带一路"上的"搬运工"。"报效祖国，回乡创业"成了众多华侨的共同心声，不少华侨把投资创业的目标对准了家乡青田，侨资也成为建设新青田的重要力量。

据不完全统计，青田籍华侨回国投资的已近10万人，累计引进侨商回归项目157个、侨资企业369家，协议引资149亿元。类似《丽水青田侨胞故里创业：20亿侨资回流建设新侨乡》的新闻也越来越多。确实，西班牙经济下行，西方社会的光环也慢慢消失了，反观中国，倒成了全球经济的动力引擎。

青田人真的就像世界经济的风向标，一有风吹草动，总是能率先感知到。机会最多的地方，一定有他们的身影，而机会消失的时候，他们早早地就不见了。事了拂衣去，深藏钱与房。青田人是和外国人竞争，应该叫"外卷"。如今大家都在考虑怎么摆脱"内卷"，也许"外卷"就是一个思路。

努力本身是应该的，但怕的是一直吃没必要吃的苦。在这方面，南欧是另一个极端，是被低压力和高福利养残的典型代表，从发达国家一步步沦落。我想，如何在"躺平"和"内卷"之间寻找到最佳平衡点,就是留给我们这一代人的使命。

"内卷"是不好的,但是我们也要警惕一个陷阱,那就是上一辈人靠着拼命给我们换来的竞争优势,如果我们不好好守住,南欧的现状或许就是前车之鉴。

参 考 资 料

1. 苏卓，向明凯. 封面故事：西班牙烧鞋刺醒中国制造［N］. 金羊网-民营经济报，2004-09-27.

2. 麻卓民. 痛悼陈迪光先生［EB/OL］.（2015-06-30）海外网.

3. 魏一平. 高平事件背后［J］. 北京：三联生活周刊，2012（44）.

4. 雷晓云，叶礼标，季淼燕. 青田人毛燕伟讲述：我是"一带一路"上的搬运工［N］. 浙江日报，2019-02-01.

第五章

"宇宙中心"曹县,
从贫穷到"顶流"崛起的秘诀

前段时间,"山东曹县宇宙中心挂牌"冲上了热搜。在曹县人民广场的一块门柱上,赫然写着"宇宙中心"四个字,"坐实"了曹县顶流的身份。

实际上在2021年,山东菏泽曹县就曾引发大规模关注,被网友戏称为"北上广曹",民间有着"宁要曹县一张床,不要浦东一套房""中国看上海,美国看纽约,世界看曹县"等等传说。

很多人觉得这不过又是一个网红梗,没什么值得惊奇的,甚至有人觉得这是在讽刺城乡差距。但是,考虑问题要注意格局。曹县确实是"乡"吗?事实上,曹县的经济是真的发达。

前两年有一部拍得很好的纪录片叫《淘宝村》,里面的第一集丁楼村,就是在曹县。

曹县的"淘宝镇"有17个,占全省1/7,"淘宝村"有151个,占全省的1/4,是全国电商脱贫示范县。

淘宝村主要从事服装生产,而曹县从演出服起步,到现在主攻汉服，他们的汉服销量已经占有全国 1/3 的市场。而且，曹县还是全国唯一的中国木制品跨境电商产业带，同时还顺便生产了美国 80% 的木制国旗。农业上，曹县的龙头企业达到 73 家，农民合作社达到 4887 家。15.2 万群众全部脱贫。

现在，全国三四线城市最大的问题就是人才流失，而曹县 2020 年返乡就业、创业的多达 8.6 万人，如此规模的回流印证了曹县产业的蓬勃发展。

而关键是，20 年前，曹县人均生产总值在全省还是排倒数第一，是全省扶贫攻坚的重点县。它能一步步成长为"比肩上海、纽约的国际大都市"，秘诀在于：先有曹县后有天，细分市场赛神仙。

其实顺着曹县的产业看，它能发展起来，绝对有章可循，且脉络非常清晰，简直是教科书级别的样本。比如曹县最出名的棺材产业就是一例。

一、"非遗"贫困村

一般我们看到"非遗"这个词的时候，脑子里联想到的多半是"珍贵"，但在曹县，抱着非遗没饭吃的情况正深深困扰着当地人。

曹县木雕是国家级非物质文化遗产，从明清一直延续到现代。因此，曹县很早就被称为"中国木艺之都"。但与此同时，曹县曾是全省扶贫攻坚的重点县。以大集镇为例，全镇一共32个村，省级贫困村两个，市级贫困村14个，竟然占了一半！据说村子里因为穷，装不起路灯，到了晚上只有月亮照明；大部分人都外出打工，留在村子里的老人早早睡觉，所以一到晚上，村里就漆黑一片，像个鬼城。

其实，年轻人不愿意学木雕，出去打工，我可以理解。木雕在现代社会缺乏实用价值，多数是工艺品，曲高和寡。但如果不出去打工，在曹县还有什么生计呢？

当地还有一个产业就是泡桐树，可以生产出很轻、易燃、不易变形的桐木。于是曹县人不断地观察、了解市场，发现了木制产品在一个细分市场——殡葬市场的实用价值。随即，他们开始生产棺材、神龛、牌位这些殡葬行业的主流产品。

开始做殡葬行业之后，他们更是发现了一个更加细分的蓝海市场：日本的棺材市场。

2000年，日本已经开始进入老龄化社会，很多老年人会提前安排自己去世后的事情，又叫"终活"，在日本是非常重要的仪式。所以，他们对高级棺材的需求越来越高，另外，日本遭遇经济增长瓶颈，而雕刻师傅每天需要八九百元的工资，很多企业入不敷出。2000年的山东曹县，一名雕刻师傅一天的工资是10元钱左右。高级棺木在国内销路一般，但是在日

第五章 "宇宙中心"曹县，从贫穷到"顶流"崛起的秘诀

本，很多人都会选择买 3000 元人民币以上的棺木。

在日本，棺材是和遗体一起火化的，所以又轻又易燃的泡桐木，简直是天生适合送走日本人的棺木材料。就这样，天时地利人和，让曹县率先瞄准了日本棺材市场。

曹县人很快发现，如果只是为日本的棺木厂代工，会被他们控制。于是，几家如今的龙头企业，如云龙木雕、德弘木业等，开始做自己的棺木厂。再加上日本棺木大多采用实木，而曹县的庄寨镇已经升级到更轻质的空心桐木了，同样一立方米木材，实木只能做三四口棺木，空心木却能做几十口。就这样，生产成本也获得了大幅压缩。

曹县的木雕厂完成所有工序，做出一口成品棺材，只需要一天。之后，从青岛走水路运往日本，一个星期就能送到日本客人手上，价格实惠、速度快、质量好，卖货简直不是梦。

曹县的转型，很快令日本的棺材厂家纷纷倒闭了，他们只能转型，做起了跨国经销商、代理商。日本的棺材市场，几乎被曹县垄断。2017 年，东京电视台《不可思议的世界》栏目组，来到了山东菏泽的曹县。起因是当时日本很多人在讨论离开中国制造，日本人能否自给自足的问题。

他们发现，日本的棺材有 90% 都是中国山东菏泽的曹县生产的。

083

锤子　　　　　　　刨子

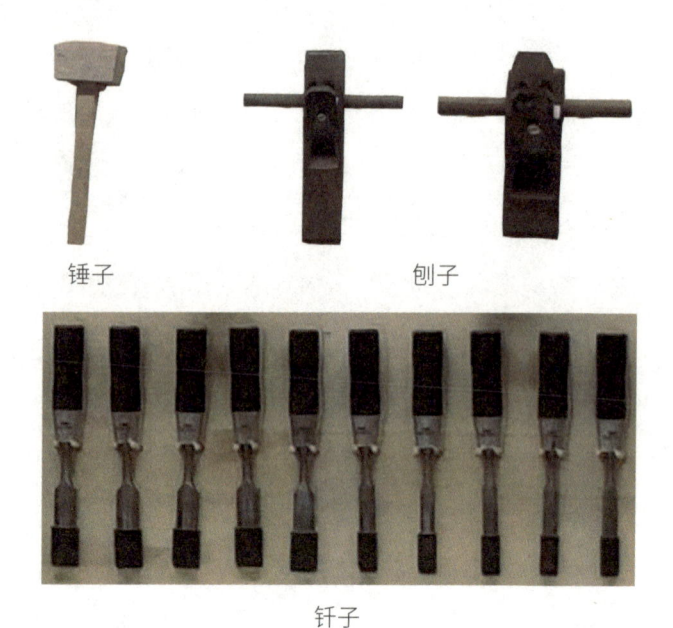

钎子

图 12　曹县木雕所要用的部分木雕工具

看完曹县的工厂之后，日本人非常震惊，临走的时候还主动邀请中国厂家录了一段话："希望大家都来购买我们做的棺材。"

这个朴实的愿望，实现的可能性非常大。

曹县人算过一笔账，2018 年日本有 1.26 亿人口，死亡率 10.1‰，也就是有大约 126 万人。随着时间的推移，日本 65 岁以上老人的规模日渐壮大。目前，每 100 个日本人里面，就有 27 个年龄在 65 岁以上的老人。

这样一个老龄化社会，意味着棺材产业至少还有 30 年的

第五章 "宇宙中心"曹县，从贫穷到"顶流"崛起的秘诀

兴盛期。

当然，做棺材这件事不是一开始就这么顺利的。在传统认知里，棺材毕竟是"不吉利"的生意，因此，一开始大家只能偷偷干，这很影响整个产业的发展。

德弘木业总经理冯香云说，很多村民最初不愿意做棺材。同行中做木材生意的老板，一听说你是做棺材的，就躲得远远的。据云龙木雕的蔡秀芳老板说："刚开始运货时，如果直接说运棺材，货车都不愿意拉，只能说是工艺木箱。"所以他们的工厂到现在也不改名，都是叫某某木材厂、某某木雕厂。但是，随着销量起飞，越来越多的人改变了这种看法。现在，大家都争着运棺材，因为即便装满一车重量也很轻，省油。

不过，当地还是有一个"潜规则"，就是未婚的一般去木材厂工作，结了婚的去棺材厂工作。

其实，大可不必有这些忌讳。死亡是不幸的事，但是认真地对待死亡，也是与这个世界好好道别的方式。人生在世，生老病死，没有人可以幸免。好好地送往生者最后一程，才是真正的福报。

据说在棺材厂，老板和工人躺进棺材试试质量，或穿上寿衣试试尺寸，都是平常事。

当地人接受这个产业之后，就是迅雷不及掩耳的大扩张。棺材产业做起来之后，曹县的泡桐木产业也迅速被带动。如

今，在人口只有十来万人、面积64平方千米的曹县庄寨镇，每年因木材创造的产值达500亿元，几乎相当于一个普通中部县城的体量；而每年加工的300万立方米木材，如果在一个标准足球场上垒起来，高度能达到420米。

曹县不仅是全国唯一的中国木制品跨境电商产业带，他们还顺便生产了美国80%的木制国旗。这就是延长产业链的经典案例。

当地人从棺材产业里面总结出来了要寻找蓝海市场的思路，复制出很多方向。比如，当地的服装产业其实一直有基础，但是比不过浙江义乌，于是他们就开始想办法，找细分市场。后来他们找到了什么呢？汉服。

二、网红淘宝村

前面我们说过，曹县的"淘宝镇"有17个，占全省的1/7，"淘宝村"有151个，占全省的1/4，是全国电商脱贫示范县。"淘宝镇"和"淘宝村"不是自封的，要靠实力才能取得。

成为"淘宝村"的条件是所在的地区电商年销售额达到1000万元，本村活跃的网店数量达到100家。当一个乡镇或街道的淘宝村大于或等于3个时，它才能被认定为"淘宝镇"。而这一切，曹县早已达到标准。

第五章 "宇宙中心"曹县,从贫穷到"顶流"崛起的秘诀

曹县最初拿到的"剧本"是传统的农业大县以及山东人口第一大县,经济不发达,贫困人口众多。对当地农民而言,打工是他们的主要收入来源。以 2005 年为例,曹县共输出 20 万人的农村劳动力,劳务收入达到 17 亿元,占到了曹县地区生产总值(57 亿元)的 30%;农民纯收入 3017 元/年,务农收入只占 20% 左右。

然而,尽管打工比种地收入高,但想发家致富也不太可能。当时,很多曹县打工人月收入仅有700多元,刚刚达到时年城市最低工资标准而已,所以曹县的村子呈现出"三多村"的特征:光棍多、老人多、留守儿童多。

20 世纪 90 年代初,曹县大集镇丁楼村几个村民为了维持生计,开始从事服装贸易生意,当时主要是为影楼、戏班加工服饰。丁楼村第一个开淘宝店的任庆生就是其中一位。那时,他经常骑着自行车去周边县,看哪家照相馆需要影楼服装,但是这种上门推销的方式费时、费力,一天也跑不完一个县,一年最多也只能卖出 100 多套服装。

转机发生在 2009 年。通过开淘宝店,任庆生的朋友赚到了不少钱,这让任庆生也动了做淘宝店的心思。但在当时,淘宝店刚刚兴起,任庆生觉得不可靠,而且随着妻子周爱华下岗,家庭的重担又多了一分。不破不立,在妻子的劝说下,夫妻俩最终决定尝试一次。拿着家中仅有的 400 元和借

来的 1000 元，任庆生买了一台内存很小的电脑，开了他的淘宝店。

不过，淘宝店无人问津，漫长的三个月过去，才终于迎来第一单生意。这批订单来自广东，是 20 多套儿童联欢晚会的演出服。为了这来之不易的一单，任庆生骑着自行车，花了一个小时才到县里的快递点把货物发出去。

这笔生意，任庆生赚了 600 元钱，尽管不多，但淘宝事业也算起步了。服装生产车间就在任庆生自己家的房子里，周爱华负责买布料、做样衣，订单多的时候就找村里空闲的家庭妇女来帮忙，按件计工资。此外，任庆生和周爱华还学习当客服，向淘宝小二学习运营店铺，边学边做，一年就赚到了 7000 元钱。

当时，夫妻俩主要做的是儿童演出服，这类服装一般订单量都很大，一个班级就是几十套，而且对品质要求不高，不追求品牌，对于这种家庭作坊式的淘宝店铺来说，属于低创业门槛，对新手友好。

2012 年，任庆生店铺的利润增长了近 10 倍，成为丁楼村率先富起来的人。在他的带动下，丁楼村开出了几十家淘宝店铺，这些店铺乘着时代的东风，几乎开一个就成功一个。另外，他们还获得了王者级辅助——大集镇政府的鼎力相助。

2013 年，大集镇政府开始为村民组织免费的电商培训：

第五章 "宇宙中心"曹县，从贫穷到"顶流"崛起的秘诀

从基础的开店流程、产品选择、中级电商美工知识到宏观的市场分析、产业带概念灌输，再到创业时提供免费贷款并指导贷款贴息办理，可以说是全方位保姆级教学。

有了产业，大集镇政府开始积极动员年轻人返乡创业。每逢过年过节，回村探亲的年轻人都会收到《致返乡青年的一封信》："在外东奔西跑，不如回家做淘宝。"村里的大喇叭，也总在播报淘宝店的技巧和方法；街头巷尾，村民们聊的都是如何设计热销款，怎么运营店铺；政府还拿出一系列创业扶持政策……

此外，引入快递企业，大修致富路，兴建淘宝产业园，扩大生产规模，在大集镇政府的大力支持和村民自强不息的奋斗下，短短4年，大集镇的32个行政村全部成为淘宝村。大集镇也形成了从采购布匹到打板、建材、制作、包装、物流的全产业链集群。

在孙庄村，有68家布匹公司，其中年销售额过亿元的超过20家。在淘宝产业园里，有加工企业、分销实体店和快递分拣中心，还有一座7800平方米的农村电商服务大楼。村村通快递覆盖了包括大集镇在内的5个乡镇，巅峰时期，一天的物流量可以达到60万件。

随着订单量的激增，家庭作坊不再能满足生产需要，大集镇的村民建立起自己的服装加工厂，一些加工环节外放到菏泽

其他县区、济宁、聊城，甚至是河南诸市县区。

大家平常看到的横店影视城的戏服、湖南卫视等各大卫视舞台上演员穿的演出服，大都来自曹县。曹县成为全国最大的演出服生产加工基地，占据着全国70%的演出服市场，远销马来西亚、新加坡、美国等国际市场。但曹县人民并没有躺在功劳簿上，他们深深明白电商红利已日益见顶，如今做淘宝店的难度已大大提高。同样的产品，利润在降低，流量入口的费用一直在增加，同质化、价格战的模式只会把路越走越窄。

于是，曹县又瞄准了新的风口——汉服。

时间倒流几年，汉服还属于小众领域。那时，在街上穿汉服，往往会收获不少讶异的目光，但作为中国传统文化的典型代表，汉服自身的魅力势不可挡。据统计，2021年汉服爱好者数量规模达689.4万人。作为新兴的细分领域，汉服的制作起点大家都差不多，竞争小，前景大。而且曹县人发现，很多浙江和广东生产的汉服，定价非常高，因为形制、工艺、材料比较考究。曹县人马上就想到做低端汉服。原本市面上的汉服均价大约在几百元，某些品牌上千元也是家常便饭，而且还要预订，动不动就是两周，夸张的要等半年。但是曹县汉服，直接拉到了100元的白菜价。

根据《2019年汉服产业报道》，选择100—300元价格汉服的同袍（汉服爱好者）占比最高，达到41.78%。而这一价

第五章 "宇宙中心"曹县，从贫穷到"顶流"崛起的秘诀

图 13 穿着汉服的模特们

位的汉服大多数来自曹县。

如果你在电商平台中搜索该价位的汉服的话，发货地十有八九都是曹县。

当然，这里面伴随着抄袭、质量等问题，这些都是淘宝村、服装品类常见的难题。当然，曹县也没有回避这些问题。最初，靠着量大便宜占领市场，主打中低端产品，但要长久发展，还是要尊重品牌、尊重原创。

现在，曹县汉服产业已经朝着打造原创汉服品牌努力。如返乡博士胡青春和妻子孟晓霞就设计开发唐制、宋制汉服 500 余款，并带着它们参加了进博会、中国国际文旅博览会等大型展会。还有的店主正在慢慢做减法，将自己的天猫店铺减少到两家，不再单纯跑量，而是全力提高品质。

很快，曹县当地政府也已注意到这一点，因此专门成立了县政府直属正科级事业单位曹县电子商务服务中心，支持民间成立"曹县汉服协会"，针对性解决管理混乱、品牌商标意识薄弱、价格战等问题。

据统计，曹县目前约有汉服制作及上下游相关企业 2000 多家，原创汉服加工企业超过 600 家，原始的汉服销售额占全国同类市场 1/3。

2020 年，曹县网络销售额突破 156 亿元，电商企业超过 5000 家，网店 6 万余家，电商带动 35 万人创业就业，带动 5 万名返乡创业人员，与浙江义乌一并成为"超大型淘宝村集群"，网络零售额和快递物流包裹量连续 3 年位列山东省第一。

三、"宇宙中心"——曹县

凭借着见棺发财和汉服手艺，如今的曹县已经大变样。过去的土房子变成了窗明几净的瓷砖房，狭窄的乡间小路也拓宽成 9 米的康庄大道，各类服装厂、舞鞋厂、绣花厂更是比肩而立，人流如织，生机勃勃。村子里也不再只有老人和孩子留守，越来越多的年轻人选择回到这里。对于曹县人来说，在当地工作，不但有稳定的收入，还能顺便照顾家人和田地。

李庄村村民焦瑞凤说："在云龙木雕的这份工作比较舒心，每天工作七八个小时，也不是很累，还能学到不少技艺，往后还能传下去。"

曹县丁楼村返乡青年任庆金，结束了十几年的漂泊，回到老母亲身边从事服装工作。工作之余，他还会开直播间唱歌。挣钱之余，村民的精神生活也富足了起来。

2018 年，丁楼村投资 140 万元进行村庄绿化，建公园、植草皮、栽风景树，还建起了三个文化广场，一个是展示服装厂与网店创业经验用，另外两个则是用于村民在休闲之余跳广场舞。

小镇上的文娱设施也多了，而且大多以"淘宝"命名，比如淘宝大酒店、淘宝时代娱乐会所等。甚至当地年轻人结婚，最受欢迎的彩礼和嫁妆不是车子房子，而是淘宝店、天猫店。

此外，丁楼村还在田间地头举办"服装大秀"。这天，每个淘宝店都拿出最得意的产品，挑选出了20世纪80—90年代以及近20年流行的各种款式服装，招募30名网商代表和村民做兼职模特，还有本村的舞蹈队助阵表演。

2020年，曹县地区生产总值跃居菏泽市第一，在省内排名由10年前的第108位上升到第55位。2021年，曹县人均GDP超过3.2万元。

曹县"一夜闻名天下知"之前，也曾"寒窗苦读二十载"。下面，我们再来总结一下曹县的发展经验：清晰地知道自己的原生优势，比如木雕、木材、服装生产，然后观察并寻找这些传统行业里的新机会、新蓝海；找到之后，迅速集中力量，一举击破。我想，这与顶尖互联网团队的创业逻辑不谋而合。

曹县产业链延长的故事，到这里还没结束。曹县的汉服产业如此火爆，是源于更早期的演出服都是曹县服装业的支柱垂类。这些跟网红群体高度相关。为了卖出汉服，曹县上下都开始搞直播、电商带货。

曹县的职业教育中等专业学校设立了直播间，供汉服商家直播带货，并培训新一代汉服商家。甚至他们的县长，都亲自开直播带货汉服,半个小时卖过 3000 件。这位县长还大方回应网友说:"各位网友对曹县的关注度非常高,对曹县有正面评价的,也有调侃的。不论是哪种,我们都欢迎大家到曹县来走一走,看一看我们真实的曹县。"这位女县长非常有"网感",有互联网思维。她的这段话,甚至有一种我们早就准备好了,现在终于被看到了的感觉。

曹县火了之后,曾一天接待了 68 家来自全国各地的媒体,曹县大集镇电商服务中心李哲在接受采访时称:"打铁还需自身硬。如果没有产业做支撑,你让这拨记者来看啥,不是笑话吗?"

正如中央领导人所说"农村是一片大有可为的土地",曹县也是一片大有可为的土地,在这里的人们总能不断去发掘产业的新发展,将传统普通的行业转换成未来的一片蓝海。

面对"宇宙中心"在曹县挂牌,曹县人也表示:"曹县这个'宇宙中心'正好回应了网民关切,别人敢夸,我们敢写,这个玩笑开得起,接得住。"所以,机会只留给早就准备好的人。

参 考 资 料

1. 高玲."山东手造"经典案例①:"网红"曹县如何让汉服产业"出圈"?.原载于微信号"智言文旅",2022-04-25.

2. Talk 三联,黄子懿,李秀莉,胡艺玮.小镇子大生意之曹县的演出服是卖给谁的?[J].北京:三联生活周刊,2021(51).

3. AI 财经社.山东淘宝村揭秘:全村一年卖演出服 4 亿,"双 11"村长发猪蹄鼓劲.原载于凤凰科技,2018-11-11.

4. 张迪,沙志强.曹县这个公司承包日本四成棺木,匠心传承非遗文化[EB/OL].(2019-07-26)大众网·菏泽.

5. 刘银春,孔冠军,马帅.曹县大集镇"淘宝村"电商年产值近 70 亿元,承包全国七成表演服,32 个行政村都是淘宝村[EB/OL].(2021-05-12)齐鲁网·闪电新闻.

第六章

中国殡葬第一村，
死死拿捏住西方人的"身后世界"

一、"祖先钱"火到了外国

每年 10 月底的万圣节,是西方的狂欢时刻。按照常规操作,人们会穿着奇装异服庆祝;小孩也会装扮成各种可爱的鬼怪,挨家挨户地敲门要糖果。但最近几年,一股来自东方的神秘力量,让传统的万圣节回归了纪念亡魂的本质,老外们纷纷开始烧起了"祖先钱"寄托哀思。如果在YouTube上输入"ancestor money",还能看到有不少博主现身操作,还研究烧"祖先钱"的独门秘诀。

比如火源一定要用蜡烛,点燃的部位得从"祖先钱"的闭口位置开始;必须用左手拿着纸钱,烧的时候,眼睛要一直盯着火焰,据说这样意念才够强大,效果才会好。还有人摆出了祭坛,放上了祖先的照片和他们生前最爱的烈酒、香烟、炸鸡腿等贡品。

每逢清明、春节这种重大节日,给逝去的先祖、亲人烧纸

第六章 中国殡葬第一村,死死拿捏住西方人的"身后世界"

钱,是中国古代的习俗。近年因为烧纸钱火灾频发,因此慢慢移风易俗,已经很少见了。但在国外,有一些外国人重新"发现"了这一习俗,既而将其扩大化。今天,一般80张一叠的冥币在国外能卖到5.99美元,折合人民币5毛钱一张。

即使价格增长了多倍,中国冥币在国外依然供不应求,远销俄罗斯、美国、英国、法国、德国、毛里求斯、埃及、以色列等国,在亚马逊上还曾出现多家店铺断货的情况。

而无论是国内的冥币还是国外的"祖先钱",都来源于同一个神奇的地方——中国河北保定的米北庄村,一个控制全球"另一个世界"金融秩序的地方,民间称"地下华尔街"。从这里出产的冥币,质量上乘。

在冥币行业里,夸一张冥币印刷得精致,就说它是"前三背三",也就是正面和反面都印上三个颜色。曾经一度有人拿米北庄村的仿真冥币去还借款,居然真的骗回了借条。这以假乱真的程度,也让国外烧纸钱爱好者开始担忧。他们发现,中国人总是集中在清明、春节几个时间点烧钱祭祖,并且是大规模的上亿人同时进行,那么就有大笔的资金同时涌入地下,会让地下的"金融世界"受到极大的"冲击",引发"通货膨胀"。

而且,全世界都在烧中国制造的"祖先钱",币种太单一,非常危险。因此,为了抵抗地下外汇波动,国外网友决定自创冥币，不去烧"天地银行"版冥币。

但我们的"地下华尔街"可不是徒有虚名。

很快，米北庄村开始组织反击，针对全球各个国家推出了不同面值、样式的"祖先钱"，比如在美国就推出了带有"冥通银行""天地银行"标识和美国总统肯尼迪头像的 100 万美元面额冥币，并且还接受定制。如果担心自己给祖先烧的纸币不够用，米北庄村还推陈出新，发行"天地银行"的信用卡，完美地解决"钱不够用"的问题。

一番操作下来，地下"金融秩序"的最终解释权还是掌握在米北庄村的手上。很快，米北庄村的纸扎也红到了国外。大到精美华丽的纸别墅、汽车，洗碗机、扫地机等家电市场里的新鲜货；小到经典的古驰、芬迪、香奈儿等奢侈品的包包鞋子、大牌化妆品套装，一应俱全。甚至连时下最新版的苹果手机都有，还配备充电器和蓝牙耳机。疫情暴发后，米北庄还"贴合时事地"推出地府特供版新冠疫苗、口罩、消毒液。可以说，所有你能想象到的东西，都能在米北庄村找到。

烧纸钱和纸扎祭品也让国外网友重新感受并且了解了中国这一传统习俗。2019 年，在法国著名国家博物馆凯布朗利博物馆里，举办了一场名为"极乐天堂"的中国纸扎祭品展览。这场展览被巴黎最高点阅率的文艺指南"Sortirà Paris"选为当年巴黎十大必看展览之一。

第六章　中国殡葬第一村，死死拿捏住西方人的"身后世界"

此次展出的每个纸扎祭品都代表着手工纸扎的辉煌。在他们的背后，则藏着一个个温暖的故事。比如某座冥宅，它不是传统的中国式风格建筑，而是一个拥有露天温泉的小别墅，因为这座冥宅的主人生前一直想去日本的和氏旅馆泡温泉，但因为身体原因一拖再拖，最终成了永远的遗憾。亲人们不忍心他带着遗憾离去，于是特意定制了这座冥宅。它有着精美的日式装潢，院子里种着他生前最爱的樱花树，榻榻米上的小木桌里放着他最爱玩的骰子和扑克，甚至连他生前用的被子花纹都还原了。

2009 年，中国台湾歌手阿桑因为乳腺癌骤然离世，一直是许多歌迷心中的遗憾。在此次展览中，歌迷们特意为阿桑定制了录音室和舞台，台下的观众席桌上还有阿桑最爱吃的凉

图 14　米北庄村出口到欧美诸国的烧纸钱专用锅具

101

面，他们希望这位曾经的"疗伤歌手"，在天堂也可以一直做她喜欢的音乐，唱她想唱的歌。

斯人已逝，但那份思念却不会消失，而是随着纸扎一起传递出去。

二、与时俱进的"地下华尔街"

在许多来参观的国外友人眼里，为已去世的人准备这么多精美的纸扎，是中国人独有的纪念死亡的浪漫表达。而这一浪漫表达的物质基础离不开米北庄村的贡献。从清代开始，米北庄村的祖辈就开始生产"车马人"，也就是放在灵堂的纸扎人。

做纸扎是一个技术活，如果要熟悉整个纸扎技艺，必须要经过很多年的磨炼。以扎竹来说，光劈竹条、掌握竹子的构造与手感，真正上手就需要两三年。这项手艺在米北庄村已经传承了300多年，靠着祖辈累积出的精湛手艺，米北庄村出品的纸扎祭品栩栩如生。

除了纸扎之外，米北庄村的纸花也是技艺精湛。可以说上至70多岁的老人，下至十来岁的儿童，都是制作纸花的能手，五颜六色的薄纸在他们的手上被裁剪成菊花、牡丹、桃花、莲花的形状，用细铁丝扎紧，就是一朵朵美丽的纸花。

第六章 中国殡葬第一村，死死拿捏住西方人的"身后世界"

20世纪六七十年代，勤劳的米北庄村妇女们用自行车把这些纸花驮到外省去卖，让米北庄村的纸花开始走向全国。

改革开放以后，米北庄所在的镇里建起了全国最大的纸花交易市场——米北纸花市场，吸引各地客户来此交易。

每年还有十分热闹的米北庄大集，1000米长的大街上，小纸花、纸葵花、元宝、冥币、寿衣、骨灰盒、裹尸袋、引魂幡……依次排开，俨然是"殡葬用品大型展销会"。

外地批发商都会来此逛一逛，挑选到合心意的产品就直接下单，很多经销商都与米北庄村的店家建立了友好的合作关系，到了下一代子承父业的时候，合作关系都依然存在。

靠着专业和全能，米北庄村在殡葬行业站稳了脚跟。

但在传统文化里，很多人对死亡讳莫如深。和"殡葬行业"沾边，也意味着不吉利，需要避讳。之前有新闻报道，河北廊坊一小区外新开了一家殡葬用品店，结果小区住户和其

图15 琳琅满目的高仿冥币

他商户纷纷联名驱逐,堵在店门外大喊"搬走"。而米北庄村的村民也经常受到这种歧视。在外人眼里,米北庄村的产品晦气不祥,他们做生意的那条街是鬼街,除非必要,否则外人很少踏足。甚至有的运货司机一看箱子里装的是冰棺、骨灰盒,直接拒绝拉货。为了避嫌,米北庄村人对外只好说这是"高档工艺品"。的确,在他们在眼里,殡葬并不是一个特殊的行业,只是万千行业的一种。

每个人都会经历出生和死亡,这不是一件需要避讳的事情,更没有人会觉得"纸花"所代表的东西晦气。米北庄村人以殡葬行业为荣,家家户户都从事殡葬行业,这里的小孩会拿着纸绢花跑来跑去,长大后会认的第一个字是"奠"。他们认为这是老一辈人留下的丰厚财富。在花圈一条街上,他们看到的不是死亡与忌讳,而是村子里幸福繁荣的景象。

为了产品的质量,这里所有的商户都非常重视殡葬用品的做工,从不马虎敷衍。以纸人为例,以前的纸人多是童男童女,随着时代的进步,纸人有了比以前更多的样式,而且还可以根据需求1∶1定制还原,令用户体验极佳。

同时,米北庄村的店家还会研发新的产品,比如一款名为"落叶归根"的纸飞机,就是为那些去了台湾地区而没能回来的亲人所定制,希望纸飞机能够带他们的亲人落叶归根。

另外,米北庄村还摸索出了许多关于制作寿衣的经验,比如北方的寿衣只穿厚重的棉，而南方则穿"单衣"，单薄的一件就行。

为了逝去的人能更方便、更美观地穿上寿衣，米北庄村还会特意多做几种尺码，而且会在腋下、肩膀几个地方加宽做大。

最关键的是寿衣的料子，不少人不在意，觉得"反正是要烧掉的"，所以很多寿衣的料子就像塑料一样扎手，粗制滥造。但在米北庄村人眼里，寿衣是人最后的体面，理应像生前的衣服一样，干净、整洁、舒适。于是很多店家的寿衣原材料和高级服装品牌"瑞蚨祥"是同样的供应商。而瑞蚨祥的售价，往往是这里的 10 倍之多。

在民间说法里，给年纪大的人提早预备寿衣，有添福增寿、祈福祛邪之意。所以盛名之下，有不少老人主动来村里试穿寿衣，为自己挑一件如意的身后衣服。但不是每个人都能如此幸运地早做准备，死亡往往在不经意间来到。米北庄村的店家就经常接到家属们哽咽的电话，客户突然间走了，定制的寿衣却来不及送到，为了不让逝者和亲人留下遗憾，店家会选择亲自开车送去。

有专业有口碑，还有如此豁达的态度，米北庄村的殡葬行业慢慢壮大，在米北庄周边也慢慢发展出包含殡葬用品的生产、加工和批发销售的完整产业链，仅在当地生产销售的冥币、寿衣、骨灰盒等殡葬用品种类已经超过 1 万种。

三、殡葬业的互联网时代

步入新时代后,为了探索更大的市场,米北庄商户们开始追赶互联网潮流,即做起了线上生意。到 2019 年,米北庄商户们开设了将近 120 家网店,占线上销售殡葬用品商家的 40%。每逢清明节、中元节,米北庄村的店家都忙得顾不上吃饭,一边要处理线上线下大量的顾客咨询,一边还要处理订单,打包、发货。1000 米长的街道上往往都被物流大车堵得水泄不通。米北庄村的寿衣、骨灰盒、孝衣、冥币和各种祭祀用品,垄断了中国 90% 的殡葬用品市场。这几年,米北庄村还多了大量的国外冥币订单,连带着米北庄村殡葬用品出口额近年来飞速增长,在 2020 年占到总产值的 12%。

根据快刀财经的报道,殡葬业属于"中国十大暴利行业"之一,不仅规模庞大,甚至还有多家公司毛利率超过 80%,和茅台相差无几。中国殡葬协会预测,2023 年中国殡葬产业规模将达到 1 万亿元。

一切似乎都预示着米北庄村的前景大好,但每个时代的机遇同样都伴随着挑战。互联网电商的确给米北庄村带来了机会,但这机会极为有限。首先,丧葬用品不可能像日用品那样形成爆款,更不可能促销,人们对它的需求几乎都是一次性的。其次,丧葬用品在网上的价格越来越透明,作为上游的生产商，米北庄村的店家主要靠批发量挣钱，批发得多了自然价格要便宜一点，往往利差就在那几毛几分的批发价上。

按照以往线下的经验，米北庄村在行业里拥有垄断性的地位，批发商也几乎很少为这种东西讲价。但现在大家都会货比三家，因此为了获取更多的客源，米北庄村的店家不得不打价格战，互相压低价格，这样一来，单笔收益就会不断减少。

时间一长，生意就难做了起来。

此外，清明往往是火灾频发的高峰期，传统祭祀容易引发山火。近些年社会多倡导文明祭祀，许多省份提出禁火令，不允许在山间、坟头焚烧冥币、纸花，燃放鞭炮，取而代之以鲜花、线上扫墓、云祭祀等方式纪念。这对米北庄村来说，无异于当头一棒，因为冥币、纸花是米北庄村的经济支柱。双重夹击之下，今天的米北庄村已走到了转型的路口。

他们敏锐地发现了国外对冥币的需求，率先走冥币出海道路，抢占市场，从地上包围地下。但海外市场毕竟有限，要想长久发展下去，米北庄村必须得找到新的方向。

在传统祭祀里，花圈是重要的祭祀物品，仪式完毕后，用一团火烧给逝者，既不符合环保理念，也存在火灾隐患，于是更符合新时代的祭祀产品——电子花圈应运而生。

电子花圈的花是仿真的，中间还环绕着 LED 显示屏，可以滚动显示逝者的姓名和悼词，周围还可以点缀成串的灯饰，

中国小镇：撬动全球经济的重镇

▼图17 国外网站上售卖的各种"祖先钱"

▲图16 中外合璧冥币套装

比原来的纸质花圈更美观，还可以重复利用。

并且，电子花圈充分考虑到了各种产品的使用场景，为了下雨天也可以照常使用，其屏幕还做了密封防水处理。

米北庄村人冯大伟率先开始售卖这一新型产品。他将电子花圈多以租赁的方式出售，租一天只要 7 元钱，一般一次葬礼可以租 50—60 个，少一点的也在 10—20 个。几百元的电子花圈，租十几天就可以回本。

电子花圈就像是一个完美的替代品，物美价廉，安全性高，但其推广还是遇到了新的问题。对于传统客户来说，电子花圈的致命问题是不能燃烧，这意味着心意无法传递给逝去的人。对于

第六章 中国殡葬第一村,死死拿捏住西方人的"身后世界"

下游的批发商来说,以往一个花圈能卖一二百元,而电子产品重复使用会出现故障,现在电子花圈出租几十个也不过三五百元,要想出租更多还得多进一批货,最后算下来,利润其实并不高。

尽管有着重重阻碍,但冯大伟很有信心,毕竟米北庄村是中国殡葬第一村,这里什么都能卖出去。经过调研,冯大伟决定率先从经济相对发达的地区开始突破。在这类地区,文明祭祀、绿色祭祀的理念深入人心,他们也更乐于尝试电子花圈这一新鲜事物,科技与传统的结合,听起来也非常超前。如今这种批发价在五六百元的电子花圈,平均每日出货量在30个左右。在他的带动下,米北庄村其他店家开始尝试售卖电子花圈,他们相信电子花圈一定能成为新时代文明祭祀的优势产品。

也许市场还在观望,但时间会给我们答案。

纵观米北庄村的发展历史,无论是在计划经济时代大胆地迈出第一步,还是推陈出新让祭祀产品更加贴合市场需求,米北庄村从来没有故步自封。对于米北庄村人来说,他们既是生意人,也是手艺人。虽然当前是殡葬行业的"寒冬",但这里的人们从来不曾丢失信心。

从中国传统文化来说,厚葬是我们对逝者的一份心意。人生在世,不可能全无遗憾,逝者生前缺什么、喜好什么,去世后给他们烧去一些,是我们对亲人的一种缅怀。而随着时代的发展,也许未来祭祀的方式还会改变,但那份记住逝者的心意永不会变。对于米北庄村人来说，他们也不会轻易认输，这个体面的行业，将会一直存在。

毕竟在中国，并非只有北上广深这类一线城市可以创造庞大的GDP，不起眼的县域经济也可以打下一片江山。

参考资料

1. 张静姝，牛清妍.等待"转身"的殡葬第一村："纸活"降温，电子花圈成新宠［N］.新京报，2021-04-05.
2. 黄小芳.一个北方农村产业带的衰落与崛起样本.钛媒体，2021-12-02.
3. 李丹超.中国殡葬第一村：家家门口摆花圈，一条街关照"生死".天下网商，2019-08-15.

第七章

锂矿战争

一、买出话语权

2022年5月21日,一场持续了五天五夜、近100万人围观的拍卖,在出价3448次之后,终于落槌。这桩拍卖案的标的是一家早已破产清算的矿企——雅江县斯诺威矿业54%的股权,起拍价为335万元,但最终成交价却高达20亿元,是起拍价的近600倍。

尽管最新消息显示,豪掷20亿元的买受人因尚未支付尾款,或将导致流拍,但这样一家矿企的股权,之所以能拍出天价的真实原因是,这家企业拥有雅江县德扯弄巴锂矿的探矿权。

这也使我们窥见近两年来全球锂矿争夺战的冰山一角。最近几年,随着消费电子、新能源汽车市场的爆发,动力电池需求大增,而锂作为电池正极的核心材料,身价也跟着水涨船高,成了新能源时代的"白色石油"。

第七章　锂矿战争

今天我们故事的主角，正是一个拥有锂矿产业的小镇。和一般的小镇不一样的是，这个锂矿小镇，本身的资源禀赋只能算中等，但他们竟买出了锂矿资源的全球话语权。这就是靠锂矿"走红"的小镇——四川射洪。

射洪早在 1992 年就上马了碳酸锂工程，如今，射洪更是拥有锂电相关产业企业 32 家、产业项目 46 个，2021 年的锂电产业的产值高达 150 亿元。更重要的是，射洪掌控的上游锂矿资源折合碳酸锂当量合计 1670 万吨，丰富的锂矿资源使其拥有全球话语权。

从"卖"资源为生到锚定"锂电之都"，射洪竟然从一个河滩上的小厂发展出年产值高达百亿元的产业。

1995 年，射洪锂业在城北的一块河滩地上挂牌成立，当时，由于国内的锂矿品位低、品质不稳定，射洪锂业就开始从澳大利亚泰利森进口锂辉石。但因为南美的盐湖提锂技术兴起，国内锂盐厂的提取技术跟不上，成本高居不下，受到巨大冲击，射洪锂业累计亏损超过 6000 万元，资不抵债，反而成了当地政府最沉重的包袱之一。

于是，县政府找来几家供应商，问大家有没有意愿接手射洪锂业。那个时候，锂电池的应用范围还仅限于航空航天以及"大哥大"、BP 机等普通人消费不起的电子产品，市场对锂资源的需求并不大，很多供应商都选择了拒绝。

这时，一个叫蒋卫平的男人，跑到射洪锂业破败的厂里转了一圈，出来时裤子上蹭满了白灰。然后，他决定接过这个烫手的山芋。他就是日后天齐锂业的创始人。

倒不是出于什么英雄主义，蒋卫平只是在常年的进出口生意中，认识到锂产品的丰厚利润，他想自己进口矿石，再自己提取锂，从而在四川射洪县这一亩三分地上闯出名堂。

2004年，蒋卫平以1144万元的价格收购了射洪锂业全部股权，并将其更名为天齐锂业。和所有的企业改革一样，蒋卫平上任的第一件事，就是砍掉"大锅饭"，并投入资金，对工厂进行自动化改造，开发新产品，积极扩展市场份额。天齐锂业在改制第一年便实现连续稳定生产，到2006年就开始赢利。

进入21世纪，在消费类电子产品的市场带动下，我国锂电池产值从2002年的2.7亿元增长到2007年的13.5亿元。天齐锂业因此受益，2007年达到营收3.6亿元，电池级碳酸锂的市场份额一举达到40%。这和蒋卫平的预判一模一样。

2010年，天齐锂业登陆深交所中小板，作为锂电池概念股，上市首日就暴涨176%。在天齐之前，江西的赣锋锂业也在2010年上市，成为中国第一家锂业上市公司。巧合的是，它们的起点，都是昔日的中国三大锂盐厂之一，而他们的未来，也都搭上了中国新能源产业的快车。但是，天齐锂业虽然

表2 世界各国锂矿年产量、开采量与总储量（吨）

国家	年产量	开采量	总储量
阿根廷	6200	1900000	19300000
澳大利亚	40200	4700000	6400000
奥地利	-	-	50000
玻利维亚	-	-	21000000
巴西	1900	95000	470000
加拿大	0	530000	2900000
智利	18000	9200000	9600000
中国	14000	1500000	5100000
捷克	-	-	1300000
刚果（金）	-	-	3000000
芬兰	-	-	50000
德国	-	-	2700000
加纳	-	-	90000
印度	-	5900000	-
哈萨克斯坦	-	-	50000
马里	-	-	700000
墨西哥	-	-	1700000
纳米比亚	-	-	50000
秘鲁	-	-	880000
葡萄牙	900	60000	270000
塞尔维亚	-	-	1200000
西班牙	-	-	300000
美国	870	750000	7900000
津巴布韦	1200	220000	500000
世界总计	82000	21000000	超过86000000

成功在中小板上市，净利润却只有4000多万元。业绩出现瓶颈最根本的原因在于，公司加工锂产品所需的原料锂辉石全部来自澳大利亚泰利森。

地球上的锂资源储备相对丰富，但分布却极不均衡，已探明的储量主要分布在南美的玻利维亚、智利、阿根廷以及西澳大利亚。中国的锂资源储量约占全球的6%—7%，但这些锂资源主要分布在青海、西藏等地，生态环境脆弱，开采成本高，锂资源供应主要依赖进口。当时，国际锂矿资源的格局还有"三湖一矿"之说，而这四大锂资源富矿背后，是美国洛克伍德、美国富美实、澳大利亚泰利森以及智利SQM公司（智利矿业化工）。

依赖进口本就让天齐锂业这样的公司利润微薄，但更令其雪上加霜的是，2012年8月，美国洛克伍德突然宣布要以7.24亿加元，合计45.54亿元人民币，收购泰利森100%的股权。这个消息让蒋卫平坐不住了，洛克伍德是全球锂业加工巨头，一旦将澳大利亚的锂矿收为己有，寡头们联合坐庄控价，天齐锂业可能就会无"锂"下锅。如果上游的原材料供应不足，必会导致下游的产业发展仰人鼻息，就像当年的铁矿石一样，中国新能源发展就会进入瓶颈期。

"突发事件，逼得我只能背水一战。"蒋卫平决定向上游布局。他准备先洛克伍德一步，收购泰利森。

只是，上市两年的天齐，资产不过15亿元，年营收不到4亿元，而泰利森总资产将近19亿元，年营收近8亿元，更"可怕"的是对手洛克伍德，总资产近400亿元，年营收超过150亿元。天齐想收购泰利森，仿佛蚍蜉撼大树，不自量力。

天齐锂业的母公司到澳大利亚成立了一个子公司，并取了个非常"西式"的名字——文菲尔德。之后，文菲尔德通过二级市场交易，分两次收购了泰利森9.99%和10%的股权，成了泰利森的第二大股东。而这两个数字也是经过精心设计的，因为按照澳大利亚股票交易所的规定，场内收购比例达到10%，就得发布公告，场外收购比例达到15%则需澳大利亚外资审查委员会的审批，容易打草惊蛇。

到2012年11月，信心满满的洛克伍德准备收购泰利森的时候，作为大股东的文菲尔德一票否决，同时还进一步提出，要以每股高1加元的股价，收购泰利森剩余80%的股份。

洛克伍德确实败下阵去，但是蒋卫平这里其实也不好受。因为按照合同约定，文菲尔德需要在2013年3月20日之前一次性支付53.3亿元人民币，而他根本没有这么雄厚的财力。

就在这个千钧一发的关键时刻，2013年2月，中投集团战略入股文菲尔德，持股35%。而中投由国务院批准设立，是工农中建四大行的幕后推手，旗下的工行还顺便给文菲尔德提供了一些贷款。同时，由于跨国收购审批慢，主管部门还特设绿色通道,并从中斡旋,推动了澳大利亚相关部门的审批程序,最终天齐锂业以高出洛克伍德15%的报价,将泰利森收入囊中,完成了蚍蜉撼树的壮举。

直到这时,天齐锂业以小博大的故事,才刚刚开始。

2014年,天齐锂业总营收飙升至14亿元,利润达2.9亿元,偏安于四川射洪的天齐已经成长为可以撼动全球市场的巨头。这一年,洛克伍德被美国雅宝以62亿美元收购。这也意味着,在全球锂业版图上,洛克伍德成为过去式,天齐则迎来了更加强悍的竞争对手。

2018年,天齐锂业再一次发起了蚍蜉撼树式的冲锋。这一次,他瞄准的是全球锂业的另一家寡头智利SQM。当时,SQM的第一大股东庞塞麻烦缠身,第二大股东加拿大钾肥公司因为反垄断要求被迫剥离SQM股权,市场闻风而动,其中最有力的竞争者就是中国的天齐锂业和美国的雅宝公司。

SQM的股权其实等同于智利锂资源的开采权和分配权,对智利政府来说,卖给天齐还是雅宝,实际上就是卖给中国还是美国的问题。这个时候的美国奉行"美国优先"战略,对智利的经济造成巨大打击,反观中国,多年来一直是智利最大的贸易伙伴,2017年中智贸易总额高达350亿美元,占智利对外贸易总额的1/4。

2018年,当智利新总统上台时,答案已经很明显了。

5月28日，天齐锂业发布公告，将以40.66亿美元收购SQM 23.77%的股权，再加上之前持有的2.09%，天齐锂业将以25.86%的股权成为SQM第二大股东。

如今三湖一矿的其中之二已被中国企业收入麾下，锂资源再也不能卡中国的脖子。

不过，2018年，随着上游的锂矿产能陆续兑现，下游的新能源汽车也逐渐退补，锂电产能过剩，锂的价格开始下跌。天齐收购SQM的时候正好抄在了锂周期的山顶，到第二年年底，SQM股价已经下跌至每股26.69美元。

受此影响，天齐锂业在2019年出现了上市以来的最大亏损。

叠加上2020年疫情这只黑天鹅的影响，天齐锂业似乎大厦将倾，当年如果有人敢推荐买天齐的股票，一定会被人骂得狗血喷头。

至于天齐锂业后来的命运如何，就要等另一个"大哥"的出手了。

二、大国能源战

美国前国务卿基辛格说过，"谁控制了石油，谁就控制了所有国家"。而锂，正是新能源时代的白色石油。

关于锂矿的隐秘战争，可能早就已经以一般人不太会注意的方式，轰轰烈烈地打响了。

2019年11月10日，已连任三届的玻利维亚总统莫拉莱斯，在第四次连任后没几天突然宣布辞职，在警方的逮捕令中，仓皇逃往墨西哥避难。

美洲国家组织宣称他选举舞弊，但反对派拿不出任何作弊证据。莫拉莱斯表示，自己的下台由美国一手策划，美国想扶植亲美领导人上台，背后的目的很可能就是玻利维亚的锂矿资源。这是因为，玻利维亚的锂资源量大约为2100万吨，约占全球总量的1/4，只是由于技术、地理和政治挑战，这些储量基本上尚未开发。

2005年，莫拉莱斯上台之后，将被资本占有的玻利维亚的矿产国有化，并选择了与德国公司合作，同时还引入了中、俄的力量，这显然触动了一些人的利益。

右翼分子煽动民众上街游行，军方甚至赤膊上阵，将莫拉莱斯赶下了台。

无独有偶，半个世纪前，同样的事情也曾发生在时任智利总统阿连德身上，在一颗炸弹被扔进总统府后，阿连德饮弹身亡。国有矿产公司SQM摇身一变成了庞塞的私人财产，而庞塞，是执掌智利16年的皮诺切特的女婿。

锂战争可能正在以暗线的方式上演着生死较量。而经过几轮角逐，全球锂资源争夺战真正的主角，其实就是中美，还有一些配角，比如西欧和日韩。

到了 2016 年，国家发改委在《全国矿产资源规划（2016—2020）》中，通过划定国家规划矿区，建设四川甲基卡，强化北疆、川西等地的锂资源保护和利用，将本土锂资源的价值提到了更高的层面。

伴随着这一纸文件，锂业公司也纷纷出海。仅 2017 年一年，就有近 20 起中资企业跨境并购锂矿资源案例。2018 年，天齐在严控资本外流的环境下可以动用上百亿元人民币收购海外资产，还有后来的赣锋锂业、杉杉股份、比亚迪出海买矿，以及宁王、紫金和华友联手上演的"无间道"，这些行动背后的意味，不言而喻。

2021 年，随着国家再次出台政策，新能源汽车进入强景气周期，全年销量大增 165%。而上游的锂矿也熬过 3 年低迷期，锂价进入上升期，天齐锂业扭亏为盈，营收 76.63 亿元，净利润也同比增长 213.37%。

相比于烈火烹油的新能源汽车市场，上游的锂矿从勘探、探转采到环评、设计、建设、产能爬坡，需要漫长的周期。

国际能源署曾经做过统计，澳大利亚的锂辉石矿山从发现到投产到大约需要 4 年的时间，南美盐湖则需要 7 年。这种由周期错配引发的供应失衡，直接导致碳酸锂的价格在 2021 年涨了 430%，并在 2022 年进一步"失控"，从每吨 28 万元，最高飙升到了超过 50 万元一吨。

根据美国雅宝公司的报告，一辆纯电动汽车的碳酸锂消耗量大约为 40—80 千克。按照这个标准计算，仅锂这一种材料就给电动车带来了上万元的成本负担。

这也是中国企业走出去"囤"锂的原因，全世界的锂资源其实是足够的。短期供需不足、涨价是正常现象，但不停涨价，背后一定有问题。蔚来的李斌、宁德时代的曾毓群也都公开表示过，这一轮锂价暴涨，背后隐藏的投机性因素很大。大意就是有人在囤积居奇，操纵锂的价格。

中国新能源汽车处于全球第一梯队，一定程度上，控制锂价就能拖住中国新能源汽车发展的后腿。因此，掌握锂的议价权至关重要。在射洪的鼎力支持下，天齐锂业有机会跨境收购泰利森锂辉矿和智利 SQM 公司股权，成长为全球规模最大的矿石提锂企业。

但这还远远不够，有了锂矿，只是锂产业发展的万里长征第一步。射洪明白，站在产业发展的角度，对外有资源、对内有产业链，才能让射洪在锂产业上走得更远。依托天齐锂业的龙头带动优势，射洪组建了锂电产业局，专门对锂电产业发展进行统一资源配置。第一步就是在射洪打通锂产业的各个环节。在锂矿资源开发利用的上游阶段，射洪有天齐锂业和盛鑫

第七章　锂矿战争

锂业坐镇；在中游的锂电池材料生产有新锂想、朗晟科技、盛威致远；在下游锂电池生产阶段，有四川天劲、绿鑫电源、遂宁天莱；应用端新能源汽车有四川客车；在锂电池回收利用上有四川铁投、青圣集团。

图 18　一枚中国产的 CR2032 锂电电池

可以说，一整个产业链已经完美形成了。而产业聚集的好处，也慢慢显现出来。

一方面，企业节约了成本，比如上游企业的原料不用包装，直接修一条运输管道，就能运给下游厂商；另一方面，上下游的企业可以很方便地进行沟通，一起改进技术、开发拓展新的市场。接下来第二步，射洪在全省率先启动建设锂电产业园，让这里成为锂电产业发展的核心舞台。

在这个产业园中，射洪对每一个进场的企业，都给足了照顾。比如，四川富临新能源科技有限公司刚进园时，有一个 8 亿元的项目，射洪专门为它量身定制了"穿透式服务清单"，审批效率很高，签约后只用了 4 个月，就完成了项目主体建设和设备安装调试。射洪还特别为锂电企业配套了电力扶持政策，可以让企业享受不高于0.35元/千瓦时的到户电价，这一举动可以直接为企业节约20%以上的生产成本。

2021年开始，射洪还会定期组织锂电产业和部门负责人面对面对谈，专门解决企业在发展中遇到的困难和问题，每期"射洪锂话"结束之后，相关部门都会对照着问题清单，组织一对一工作专班，制定整改方案，拿出切实可行的解决措施。

而第三步，射洪为保证锂电产业拥有源源不断的创新能力，专门培养锂电产业方面的人才。除了与四川大学、四川省有色冶金研究院等合作，射洪市人民政府还与四川职业技术学院签订了合作协议，投资16亿元建设锂电科技学院，2022年底已完成图书馆、教学楼、学生宿舍、学术交流中心等主体工程，2023年1月底达到首批学生入学入住条件，2025年在校生规模预计可以达到3000人。

这一套组合拳下来，令射洪市的锂电产业相当具有优势，而以前射洪锂电招商工作还只是普通的招商。如今，射洪已经可以招商引资了。首先就是考察企业的资金实力、技术水平和研发力量，如果能助益锂电产业链发展，将会大大加分。过去那小小的射洪县，如今已经变成了射洪市。

2019年8月16日，四川省人民政府发布《关于同意撤销射洪县设立县级射洪市的批复》。经报国务院批准，同意撤销射洪县，设立县级射洪市。对于近百万的射洪人来说，这无疑是一个值得骄傲的时刻。因为这里曾经还只是一个资源要素十分有限的小县城，而从县到市，这也是一个小小的奇迹了。

一般来说，为了方便管理，我国行政级别都是固定的，要更改是十分困难的，而只有当一个地方发展得特别好，它的实力远远超出了它的行政级别，才有可能撤县设市。成为县级市之后，射洪市可以拥有更多的政策支持和资源，锂产业的发展也有机会再上台阶。

射洪经开区相关负责人说："2022年，射洪经开区内，大多数锂电企业的二期项目将实现集中投产，锂电产值将迎来爆发式增长。"预计到2030年，射洪将汇聚百亿级企业、上市龙头企业30家，建成具有世界影响力的"锂电之都"核心区，锂电产值将突破1000亿元。射洪的崛起，为中国锂产业发展带来了更多的信心。

毕竟在任何时候，"家里有矿"说出来都很硬气。尤其是中国已经通过企业资本运作等方式，控制了全球44%的碳酸锂当量和如此庞大的锂产业发展集群，这让中国有机会站到世界锂业的舞台中心。

锂矿的热度远远没有半导体、芯片高。这样一个强大的战略资源，没有被普通中国人强烈地感知到，是因为在过去10年的锂矿争夺战中，中国企业和站在它们身后的有关部门，用惊人的前瞻性和过人的胆识，取得了巨大的优势。所以锂矿没有"危机"，没有"卡脖子"，也就没有进入普通人的视野。

换句话来说，如果中国当年没有以小博大从国外抢回来这些锂矿的控制权，相信今天中国家喻户晓的"卡脖子"故事里，还要加上一个锂矿。流量总是喜欢追逐跌宕起伏的故事，而很少有人注意到，那些看似平静、没有波澜的角落，其实并不是天生如此。

尽管很多人在今天之前都没听过射洪的名字，但乘着国家新能源发展的东风，有着30年积淀的射洪从一个资源贫瘠的小镇，变身为一个拥有百亿锂电产业的小城，成为中国锂电绕不过去的一个地方。中国还有无数这样的小镇，也许默默无闻，但从不妄自菲薄，它们会在低谷时蓄势，也会时刻做好准备，等待着下一个厚积薄发的机会。

一个已经破产重组的矿企，能拍出20亿元的天价，但其实，20亿元这个数，在锂矿行业里，其实也不过是"洒洒水"，资源和未来发展，才是争夺本身。

三、半路杀出个 Boatman Capital

就在斯诺威矿业拍卖落槌的前一天，空头机构Boatman

第七章 锂矿战争

Capital 做空澳大利亚锂矿公司 AVZ 矿业。理由是："我们认为 AVZ 正在被一群强大的中国电池制造商所击败,这些中国公司,正密谋控制全球最大的锂矿项目。"

根据市值风云的解读,位于刚果(金)境内的马诺诺锂矿,是全球最大的可露天开采的富锂 LCT(锂、铯、钽)伟晶岩矿床之一,总资源储量 4.01 亿吨,其中含 1.63% 的氧化锂,约 650 多万吨。相比之下,那个 20 亿元天价背后的德扯弄巴锂矿,探明的氧化锂资源量也"才"29.32 万吨。

2016 年,马诺诺锂矿的股权结构为:AVZ 持股 60%,Cominiere 和 Dathomir(以下简称 C 和 D)分别持股 25% 和 15%。随后,AVZ 又在 2019 年 7 月和 2021 年 8 月向 D 购入 5% 和 10% 的股权,D 随之退出,AVZ 则以 75% 的股权,拥有马诺诺锂矿的绝对控制权。

2022 年 5 月,AVZ 对外披露,一个中国私营企业——苏州天华时代——正在出售马诺诺锂矿 24% 的股权。它背后的大股东之一你一定听过,正是被称为 A 股"宁王"的宁德时代。此时,持股 25% 的 C 也打算退出,其中 10% 的股份转让给刚果(金)政府,其余 15%,AVZ 打算利用大股东的"优先购买权"进行购买。原本 AVZ 计划一边卖给苏州天华 24%,一边优先买入 C 的 15%。这样,既赚了溢价,还合计持有 66% 的股份,依然保留着对马诺诺的控制权。

127

然而，5月9日，紫金矿业站出来，表示不同意AVZ收购C的股权这桩买卖。"有色一哥"紫金矿业，主打金、铜、锌等矿产的勘察和开发，是国内控制金属矿产资源最多的企业之一，平时最大的爱好就是全世界买矿。

早在2021年9月，紫金矿业就与C签署了收购其15%股权的协议，而AVZ在2019—2021年从D那里收来的15%，有5%是从C那里借来的。D将自己15%的股份卖给AVZ的时候，未经过出借方的同意，所以，法院判定这笔交易不合法。

也就是说，AVZ实际只持有马诺诺60%的股权，卖给苏州天华24%之后，实际只剩下36%，已不再享有优先购买权。

而说到这个AVZ本身，其中还有两股中国企业的"势力"纠葛：其一是持股7.3%的苏州集团，为苏州天华时代的合营企业；其二是华友钴业，持股6.3%。如果双方联手，持股近14%，就可以在AVZ内部施加影响，而华友钴业的副董事长，曾任紫金矿业的执行董事。

空头机构认为，这可能是宁德时代、紫金矿业、华友钴业三家中国公司联手上演的一出"无间道"，将澳大利亚上市公司AVZ挤出全球最大锂矿项目。

目前，AVZ还在通过法院上诉，但空头机构觉得，胜诉机会渺茫。

参 考 资 料

1. 文雨. 锂，该降降温了. 市值观察，2022-06-02.
2. 扶苏. 堪比无间道！宁王、紫金、华友联手演绎全球最大锂矿争夺战，联手挤掉澳洲上市公司！. 市值风云，2022-05-25.
3. 王凤哲. 锂矿战争：中国如何拿下"白色石油". 远川科技评论，2022-02-26.
4. 金融老枪. 万亿锂矿战争：美澳联手绞杀，中国如何反击？. 投研双杰，2021-07-01.
5. 刘畅. 锂电竞速，为何四川脱颖而出［N］. 经济日报，2022-05-18.
6. 张静波. 21世纪的白色石油，马斯克欲独吞其全球产能. 华商韬略，2020-03-23.
7. 聚焦射洪"锂电之都"核心区建设［N］. 四川日报，2022-04-27.
8. 蒋卫平："中国锂王"的进阶之路. 李博士的投资日记，2021-09-08.

9. 昔日"锂王"天齐锂业:一个冒险家的18年. 华尔街见闻,2022-04-20.
10. 黄铂晶. 射洪:逐"锂"前行三十载 顺"锂"成章再出发［EB/OL］.(2022-04-27).遂宁新闻网.

第八章

福建吊车尾小镇，
如何诞生万亿宁王？

2022年11月10日，中国汽车工业协会发布数据显示，10月我国新能源汽车产销量再创新高，分别达76.2万辆和71.4万辆，同比增长分别为87.6%和81.7%，市场占有率达28.5%。

与此同时，动力电池的装车量达到了59.1亿瓦时，同比增长98.1%，而其中装车量最高的宁德时代占比达到了48.33%，远远高于第二名比亚迪（占比25.36%）。

在很多人眼中，宁德时代就是新能源汽车的动力引擎，它的动力电车装车量已连续4年排名全球第一。

巅峰时期的宁德时代，股价市值连续超过五粮液、中国平安和招商银行，达到了1.31万亿元，已成为创业板第一、A股市值第四的企业。

它的董事长——曾毓群，身价直线上涨，在2021年5月福布斯富豪榜的实时榜单上，先后超过了李嘉诚和马云。如果把高管和早期投资者算在内，宁德时代一共有9个人身

第八章 福建吊车尾小镇，如何诞生万亿宁王？

价达到了 10 亿美元，是全球诞生富豪最多的公司。作为一家 2018 年才上市的公司，其他很多的高管和员工也获得了相当可观的财富。

宁德时代并不诞生于北上广深这些代表着前沿科技与潮流的一线城市，是实打实从福建的一个小城走出来的。

图 19　宁德时代标志

这座小城十分低调，可能很多人都不知道。其实，宁德时代的宁德指的就是福建省宁德市。毕竟，很多人还以为福建的省会是厦门，在福建省，福州都得靠边站，何况是一个三四线小城？不过，以一己之力占据整个国内动力电池市场"半壁江山"的宁德时代，为什么会落脚在宁德呢？

一、感恩的心

宁德时代落脚宁德，实际上这里面有一个曲折的故事。2004 年，当时的宁德市蕉城区政协主席钟家尧正想着如何招

133

商引资时，听说有个叫曾毓群的宁德人，正和一群老乡在东莞做电池生意，发展前景相当不错。当然，曾毓群此时已经做出了一定的规模，而他刚起步的时候，完全不是这种光景。

1968年，曾毓群出生在宁德一个贫穷的农村家庭。但是他从小就是个学霸，17岁的时候，考上了上海交通大学船舶工程系，毕业以后被分配到了福州的一家国企。照这个路线下去，他现在应该也生活富足。但是，他做了一个让人意外的决定：辞职去了东莞的一家外企，转行做了工程师，从这里开始了自己不寻常的职业生涯。

无人知晓曾毓群究竟为什么做了这样的选择。但是，福建人一向也是很能拼、能闯的，比如玻璃大王曹德旺。福建闽商遍布全球，基因里写着"冒险"两个字，人狠话不多，闷声发大财。

到1999年，在外企工作了10年的曾毓群，已经当上了技术总监，是当时公司里唯一一个中国籍的高级核心技术管理人员，当时的上司看中了他的能力，拉他一起创业做锂电池。

1998年，全球第一台MP3问世；1999年，第一款全中文手机出现。

思考之后，曾毓群接受了上司抛出的橄榄枝，加入了锂电池创业计划。他们一起创立了公司"新能源科技"，缩写为ATL。曾毓群自己说，当时创业"完全是一种冲动"，一开始

第八章　福建吊车尾小镇，如何诞生万亿宁王？

并没有钱，而且所有人的工资都打对折，把能投的资金都投了进去。

ATL 刚入局的时候，日本做锂电池行业的老大已多年。1991 年，索尼发布了全球第一个商用锂离子电池，此后日本就一直处于行业领先。日本人做的电池优势明显，但也有一个大的短板——容易引发爆炸。

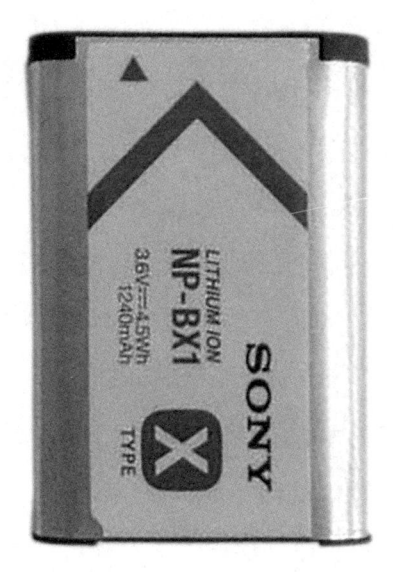

图 20　索尼可重复充电锂电池

曾毓群通过调研，选择了相对小众的聚合物锂电池，也就是软包电池作为主攻方向。这是因为它轻薄短小，可以用到手机上面。曾毓群联系到了美国的贝尔实验室，购买了聚合物锂电池的专利，开始投入生产。但是他很快发现，高价购买来的这个专利有一个致命缺点——电池容易鼓气变形。

吃了亏的曾毓群找到贝尔实验室，对方坦然承认了这个问题。但是虽然坑不小，这个技术还是有它的价值。谁也没想到，这竟然成为曾毓群亿万产业的起点。

道理很简单，求人不如求己。曾毓群和技术团队研究后发现，电池之所以会鼓气，是因为电解液存在问题。于是他们开始着手解决，闭关两周，尝试了多种电解液配方，反复实验排除之后，曾毓群团队终于确定了电解液新配方，攻克了这个难题。

ATL 从此在业界一战成名。2004 年，苹果也成为 ATL 的客户，一次性下了 1800 多万元的订单。

有人会说，宁德时代这运气很不错，被苹果选中。但真实原因是，市场是理性的，苹果选择当年的 ATL，并不是因为善良或者施舍，而是 ATL 的实力已经到了这一步，它是苹果的最佳选择。说不上谁成就谁，商业的世界里从来只有等价交换。

也就是在这个阶段，钟家尧找到了曾毓群。当时的宁德地区生产总值在全省排倒数，仅 470 亿元。为了把宁德的经济盘活，2004 年 12 月，钟家尧就前去东莞游说，他希望曾毓群可以考虑一下家乡，来开个分厂。钟家尧主席的敏锐度和眼光很不错，但是有一个现实的问题，那就是当时的 ATL 已经有上千名员工，其中有很多人都已经在东莞安了家，而且公司还有很多外籍专家，带着他们回宁德并非易事。

而且，ATL 当时布局建厂的考虑都是山东、江苏和浙江这样的选项，福建的宁德市肯定不在考虑之内。

但是宁德市政府的领导都没有轻易放弃，他们多次前往东莞，邀请曾毓群回乡考察，而曾毓群本人是一个乡土情结很重的人，用他自己的话来说："家乡始终是我的牵挂，希望能为家乡做点事。"当然，宁德市也是给足了诚意的。这是因为锂电池作为高端制造业，对于原材料的产地依赖程度较低，更看重的是所在地方政策方面的扶持力度。

宁德为 ATL 提供了土地优惠、高级人才个人所得税减免、基础设施完善等一系列政策。用当地官员的话来说就是："要什么给什么，能给的都给。"

就这样，2008 年，宁德新能源科技有限公司正式开业投产，宁德就此和锂电池产业产生了命运的联结。到了 2009 年时，智能手机成为新的风口，ATL 业务迅速发展，成为苹果、三星、华为、OPPO 等国内外知名品牌的供应商。2012 年，ATL 成为全球第一的聚合物锂电池电芯供应商。在 2011 年，曾毓群看到了新能源汽车的潜力，他把 ATL 的动力电池部门剥离出来，成立了宁德时代，宁德时代的故事就此悄悄展开。

当大家都知道这个名字的时候，它在业界已经居于顶级了：特斯拉、宝马、奔驰、蔚来、广汽、上汽等各种知名车企都等着它的电池供应。从诞生到全球第一，这条路宁德时代走了 7 年。

二、时势造英雄

雷军曾经说过一句话："站在风口上，猪都可以飞。"对于成功的企业来说，我觉得用另一句话可能更合适：有个体的奋斗，但主要是历史的进程。

今天所有能留下名字的企业，它们的兴起与发展，有创业者个人的天赋和努力，但是更关键的，背后都有一股"势"。比如 20 世纪 80 年代开始的中国房地产开发，带动了一票地产企业；90 年代末互联网的发展，又助长了一批互联网巨头。宁德时代也不例外。

2006 年，"十一五"计划成立专家组，开始了新能源汽车的研究。2008 年，特斯拉推出了第一款车，证明电动车是可行的。21 世纪初，全球的汽车业正在发生一场变革，这一次，中国没有来迟。

2015 年之前，在锂电池行业称霸的是日本。如 2014 年的全球锂电池厂商排名中，排名前六的都是日本企业，而韩国和中国企业紧随其后。这时候全球第一的锂电池生产商是松下，马斯克也对外说"松下就是特斯拉的心脏"。

在这种情况下，曾毓群虽然早早选对了赛道，但一直被外国名企压在后面。直到 2010 年，宝马开始为一款准备在中国销售的纯电动汽车寻找电池供应商。照理说，有特斯拉的订单

第八章　福建吊车尾小镇，如何诞生万亿宁王？

图 21　配备松下锂电池的特斯拉车

做保证的松下，是最稳妥的选择。但是华晨宝马却想在中国本土寻找一家供应商。他们看中了曾是苹果供应商的宁德时代。

这是个好机会，但并不是轻易就能够接住。

宝马总部对电池生产有非常严苛的要求，他们给宁德时代寄出了一本 800 多页的技术标准，从正负极匀浆比例到无尘室内空气颗粒物标准，每个细节都做了规定。宁德时代的员工一字一句地啃下了这本册子，研发出了符合要求的电池。经过与宝马的这一次合作，宁德时代名气大大提升，陆续和奔驰、

139

大众、北汽、上汽等知名车企建立了合作关系。

宁德时代虽然成长迅速，但是对手也很强大。日韩电池企业技术成熟、资金充沛，早就盯上了中国市场这块肥肉。2015年之前，LG在南京建厂，三星SDI在西安建厂，松下计划在大连建厂，LG、三星、松下都在中国布局建厂——它们已经摩拳擦掌、蓄势待发。

而且，它们不约而同地选择了"先饿死对手，再独占市场"的凶狠玩法，那就是大量亏本倾销——在中国电池系统出厂价还普遍在每瓦时2.5—3元时，三星这些原本就有技术优势的企业把18650镍钴锰（NCM三元）电池材料价格直接降到约每瓦时1元出货。即宁愿让自己亏本，也要用低廉的价格把中国电池供应商挤出市场。

这种时候，宁德时代是怎么突围的呢？众所周知，新能源汽车的发展具有重要的战略意义，除了基于环保考虑，更重要的是要摆脱对石油的进口依赖。中国一直是一个少油的国家，而且从1991年以后，中国石油消费就开始快速增长。到了1993年中国成为石油净进口国，1996年更成为成品油净进口国。在此后的数十年里，中国石油对外依存度迅速攀升。2017年，中国开始超过美国成为世界第一大原油进口国。而雪上加霜的是，我国的汽车行业每年会消耗掉30%以上的石油。因此，发展多元化的能源结构，摆脱对石油的进口依赖，

第八章　福建吊车尾小镇，如何诞生万亿宁王？

是发展新能源汽车产业的重要战略意义所在。

2015年，工信部制定发布了《汽车动力蓄电池行业规范条件》，也就是动力电池的"白名单"政策。这意味着所有生产动力电池的企业都需要先进行申报。在售的新能源汽车，只有搭载了那些过审企业生产的电池，才能享受新能源补贴。国内的电池生产厂商，比如宁德时代、天津力神等都入围了，但是三星、LG、松下等日韩巨头被排除在中国市场之外。

一直到2019年，白名单政策才取消，而中国的电池生产厂商已在这4年的时间里迅速成长壮大。数据显示，中国拥有超级庞大的电动车市场，我国新能源汽车产销量连续6年蝉联世界第一。2022年前三季度，全球新能源汽车销量超过726万辆，我国新能源汽车销量达456.7万辆，占比攀升至62.9%，保有量达到1099万辆，约占全球一半。

巨大的市场给电动车产业留下了足够的发展空间，再加上自身的技术、生产优势，宁德时代在2017年反超松下，成为全球最大的动力电池生产商。用曾毓群自己的话来说就是："日本人发明了锂电池，韩国人把它做大，中国人把它做到世界第一。"

一个企业能取得成功，可能有很多原因。但一个企业能取得巨大成功，背后一定是时代和国家的选择。曾毓群敢于辞职、及早选择了锂电池赛道，这是个人的能力和眼光，也是宁德时代的幸运。宝马选择宁德时代，是因为中国市场的人和；他们想选择中国本土企业，这是宁德时代的地利；中国政府决定大力发展新能源，提供保护和补贴政策，这是宁德时代的天时。

当然，对于宁德时代这样的本土新能源企业来说，不可能永远躺在政府母亲的羽翼之下。如今，我国的新能源保护政策已基本结束，中国的企业和外国的企业开启了新一轮的近身肉搏。曾毓群很警惕，2017年，他曾给旗下员工群发过一封邮件，里面写道："猪真的会飞吗？当台风走了，猪的下场是什么？"

中国企业比谁都明白商业赛场的残酷，每一家都在争分夺秒寻找新能源技术的下一个突破，谁跑得快，谁才能赢。立足于宁德市，宁德时代开启了新的征程。

三、时刻准备着

2021年，宁德市的地区生产总值首次突破3000亿元大关，在福建省内连超3座城市，从第8位跃升至第5位。从全国范围来看，宁德上榜全国城市地区生产总值百强，是百强城市中名次进步最多的。

能有这样的成绩，宁德市是花了心思的，他们并非简单地

第八章　福建吊车尾小镇，如何诞生万亿宁王？

依托宁德时代，而是尽力扩大宁德时代的"朋友圈"。事实上，如今的宁德市，除了有代表锂电新能源的宁德时代，还有新能源汽车里的龙头企业上汽、不锈钢新材料行业里的青拓、铜材料里的中铜，都是各自行业里的佼佼者。

这四个主导产业，是宁德市精心挑选的，为的就是让这四个产业之间互相关联，进而在彼此之间能形成高效循环的产业链，对四个产业来说，利好也是清晰可见的。比如不锈钢原材料红土矿中的镍、钴是锂电池的重要材料，锂电池是新能源汽车的核心部件，铜产品又是汽车和锂电池制造不可或缺的重要材料。也就是说，宁德市正在形成"把红土镍矿投进去、把三元材料炼出来、把电池造出来、把新能源汽车开出来"的全闭环产业链。为了把这些企业都聚集在这里，宁德市也着实费了一番功夫。

首要的方法就是政策支持。宁德接连出台了"锂电新能源七条""冶金新材料六条""新能源车消费六条"，从生产环节到项目筹融资，从优化审批到支持企业家成长，宁德方方面面都考虑到了。其次是稳住人才。宁德知道自己地方小，轻易留不住人才，能做的就是投入资金。近三年来，宁德市花费 2.38 亿元用于人才经费支出，还提供了 8.1 万平方米的人才公寓。还有一个方法就是"宁德速度"。任何大的项目，快速落地投产，就是在减少成本。这一方面，宁德市给足了支

143

持——中铜项目从建设到投产只用了 17 个月；上汽项目在雨天占总天数近 60% 的气候条件下，也仅用 17 个月时间就建成投产，创下国内同类项目的最快速度。

有了这些龙头企业坐镇，宁德市的变化也是显而易见的。宁德时代吸引了 30 多家锂电企业搬迁至宁德，甚至出现了下游产业搬到中游厂商附近的罕见情形。

青拓集团吸引了宏旺、甬金、克虏伯、海利等一批产业链重大项目在此集结，让这里成了全球最大的不锈钢生产基地。

上汽宁德基地一期产能达 24 万辆，引进 40 多家配套供应商企业，零件体积占整车的 80%，最快 53 秒下线一辆车。在这四个龙头企业的带动下，宁德市已经有了两个千亿元产值和两个百亿元产值产业构成的产业集群。

宁德市的最新计划是，争取到 2025 年四大主导产业全产业链产值达到 9000 亿元，加快迈进"万亿工业时代"。宁德时代的最新计划是，即将推出新一代电池电芯：凝聚态电池。这也是除了全固态电池、半固态电池以外，首次提出凝聚态电池概念。业界认为，凝聚态电池更加稳定、安全，容量更大，传导效率更快。可以预见，宁德时代在技术上的突破也许又将引领一次动力电池的革命时刻。对于宁德时代来说，盲目追风并不是它，让宁德时代自成一派，研发自己的"黑科技"，才是它的最终目的。

第八章 福建吊车尾小镇，如何诞生万亿宁王？

表3 各类锂电池及其代表车型数据

车型	特斯拉 Model S	普锐斯 第三代	通用 沃兰达	比亚迪 E6	日产 聆凤
正级材料	三元	锰酸锂	三元	磷酸铁锂	锰算锂
电池供应商	松下	松下	LG	比亚迪	AESC
电池质量（kg）	500	80	180	600	170
电池容量（kWh）	85	4.4	16	60	24
续航里程（km）	426	20	62	300	160
能量密度（wh/kg）	200	90	140	100	160

最近，"内卷"这个词变得越来越流行。有一个客观的现实就是，一大批在过去几十年发展很快的公司，已经进入了成熟甚至衰退期，互联网行业就是一个典型。

大部分人对待内卷的态度分两种，一种是继续留在大城市寻找机会，一种是回老家过轻松一些的生活。宁德和宁德时代的发展成功向我们展示出了第三种路径，那就是在小城市里奋斗。以宁德时代的员工来说，他们在当地享受的可是独一份的光环。

数据显示，2019年宁德市在岗职工平均年收入是8万多元，而宁德时代员工的平均收入绝对远在这个数字之上。据

145

内部人士说，在当地的相亲市场上，宁德时代员工的待遇等同于公务员、事业单位。当初跟随曾毓群创业的，更有 9 人入选福布斯富豪榜。其中身价最高的是宁德时代的副董事长黄世霖。他和曾毓群是中学时代的同班同学。1989 年，曾毓群辞职去了东莞。两年之后，黄世霖也辞掉了公务员的工作，南下与曾毓群会合。中学同学手拉手开始了创业路，共同致富，30 年后又一起登上富豪榜。

除了近水楼台先得月之外，也有外来的眼尖打工人。宁德时代乘用车事业部副总裁来永杰说："当时是通过朋友的介绍才知道这家公司在招募人才，也是第一次知道福建宁德这个地方。当时公司的规模比较小，通过自己的调研，我了解到其实宁德时代从事的汽车动力电池行业是一个朝阳行业，而且企业基础是相当扎实的。最主要的是当时跟领导层做了交谈，发现他们是非常棒的创业者。他们的情怀、履历以及他们对人的态度，让我非常钦佩和信服，所以我毫不犹豫地加入了宁德团队。"

曾毓群曾在宁德时代所设立的愿景中说："立足中华文化、包容全球文化，打造世界一流创新科技公司，为人类新能源事业做出卓越贡献，为员工谋求精神和物质福祉提供奋斗平台！"

长期以来，我们都以为机会只在北上广深，但是在那些我

第八章 福建吊车尾小镇,如何诞生万亿宁王?

们不知道的地方,也许正发生着产业的变化、技术的创新、生产力的变革,也许正在孕育下一个"宁德时代"。假如中国的其他县市都能有这样的企业,那大家何必要去过卷中卷的生活呢?

当然了,要准确选中这样的企业,难度真的非常大,有没有什么稳准狠的方法呢?时代的风总会吹过,最重要的是我们是否做好了准备。

参考资料

1. 崔力文.曾毓群跨过万亿市值：时代缔造宁德时代.原载于微信公众号"汽车公社C次元"，2021-06-01.
2. 家在东侨之曾毓群和他的"宁德时代".宁德电视台，2020-12-21.

第九章

深圳城中村的一万个凡·高

印象主义的先驱、著名画家凡·高，于37岁时开枪自杀。他去世100年后，他的创作才逐渐进入收藏家的视线，他的风格开始引领一代人的审美。

如今，凡·高的作品中已至少有9件以超过3500万美元的天价成交。他的其他画作大部分都收录在荷兰阿姆斯特丹的凡·高博物馆里。如果想一睹凡·高的真迹，必须去博物馆里排队。但是在凡·高博物馆旁边的纪念品店里，凡·高的仿画售价则降为1000欧元一张。从颜色到落笔的细节，这些油画都等比例还原了凡·高的画作，并非是复印或者高科技产物，而是其他人手绘的临摹作品。纪念品店的老板曾打趣道："如果我拿这幅画去和博物馆里的原画对调，相信我，他们保证看不出任何差异。"

油画，是西方艺术史里浓墨重彩的一笔，但这些以假乱真的油画，却来自中国深圳的一个城中村——大芬村。大芬村里居住着上万名画工。而这里最神奇的故事是：在此之前，他们中很多人从未接触过画笔，却凭借着短短几天的训练，用一个半月的时间，完成了36万张油画订单。

凡·高在世时，只卖出过一幅绘画作品。而如今，靠着临摹他的画作，大芬村撑起了几十亿元的油画产业。

一、大芬村的华丽转身

像生产螺丝一样生产画作，这种把画画流水线化的"天才"又"离谱"的想法，来自一个叫黄江的人。

40年前，大芬村还只是深圳龙岗区布吉镇的一个偏远山村，在这块仅0.4平方千米的山坳坳里，遍地是芦苇，路都是靠脚踩出来的，而全村300余人年均收入不过200元。

黄江是广东四会人。年少时，他非常喜欢画画。20世纪70年代随着"逃港潮"去了香港，靠着接一些外销的绘画订单为生。但在寸土寸金的香港，商品画的生意并不好做。

众所周知，香港的人工非常贵，每个画工每月的工资最低是5000港元。为了减少人工成本，黄江开始将自己的商品画生意迁入内地，先后辗转江门、福建等地，最终选择了深圳。这里离香港近，但人工和房租远比香港便宜，报关手续也非常方便。

起初，黄江选择在深圳罗湖区黄贝岭村建厂，生意也确实做得很好,这给了黄江和他的房东极大的信心。随着黄江的生意蒸蒸日上,租金开始飞涨。最高的一次,月租金直接由 2000 元涨到了 6000 元。临摹行画,挣的是辛苦钱,这次涨价把黄江的利润都涨没了,黄江只好另寻他处。

几经寻觅,黄江来到了非常破败的大芬村。黄江形容,当时这里"像西伯利亚一样荒凉"。不过,大芬村地理位置不

图 22 大芬油画村村口标牌

错，去附近的布吉镇可以买颜料和画笔，距离罗湖口岸十几千米，去香港拿订单也方便。

最重要的是，大芬村位于特区原"二线关"外龙岗区，租金非常便宜。于是，黄江花了1600元租下了大芬村村主任家的一幢两层半小楼。不过，大芬村艰苦的环境还是吓倒了一片人，最初跟随黄江的60多个弟子，只留下了20多个。

虽然一切从头开始，但靠着以前打拼留下的底子，黄江的创业之路还是走得很顺当，他从香港的贸易公司接订单、取样板，拿回大芬村让徒弟们临摹。徒弟们也不负众望，加班加点地出货、赶工期。因为量大质优，找上门的客户越来越多。先是日本，然后是欧洲、美国，最后他们甚至成了沃尔玛的供应商。

1992年，黄江接到了一笔大单子——一位法国客人给黄江下了一份36万张画的订单，规定要一个半月时间完成。这几乎是一个不可能完成的任务。按照正常的业务量，黄江和他的工厂一个月最多出10万张画，如果贸然答应，到时候完不成反倒要赔钱。但黄江也明白，这是一个机会，这一单要是成功，会给以后打下很好的基础。为此，黄江研究出了一个只有深圳特区人才想得出的办法：流水线画油画。

当时，深圳遍地都是加工厂，几乎全部是流水线式作业，每个人都是生产线上的小螺丝钉。黄江分析，产品可以用流水线来提高效率，画画也是同理。黄江召集了400多个画工，又把大芬村的一些村民也召集起来，和他一起画画。

这些村民没接受过专业的油画训练，黄江对他们进行了商业油画技能培训：训练他们的色彩观念，教他们用笔，怎么画天空、画树之类的。

在简陋的厂房内，20个画工排成一排，一个人在最前面调色，一个人画天空，一个人画山，一个人画树，另外一个人画房子，每人负责一个部分，画完后就传给下一个画工。这样，每个人只画固定的一小部分，不仅速度快，而且质量稳定。

到了交画的时候，客户都惊叹于油画复刻的精准，实在很难相信这些都是用油彩一笔笔画出来的，只能说这是"深圳奇迹"。这一单的完成令黄江名声大噪，国外的画商纷纷来找他下订单。在大芬村画画可以赚钱的消息也随之流传开来，找黄江学画画、想跟着他干的人也越来越多，包括广州美院、四川美院等科班出身的毕业生。计算下来，黄江前后带过的学徒多达500余人，他们中的许多人学成之后出去"自立门户"。之后，黄江也不再只接订单，还做起了分销，把自己做不完的订单外包给徒弟、美院和其他的小画商。

1997年，许多画商接了大量外贸订单，一个月能赚一两万元。靠着先富带动后富的模式，大芬村油画产业年产值达到了 3000 万元。千禧年之际，大芬村乘着时代的东风，又迎来了一次新的增长。

彼时，国家刚刚提出"文化产业"这一概念，嗅觉敏锐的深圳也确立了"文化立市"的发展战略，决心一改"文化沙漠"的形象。正巧布吉镇宣传部的领导前去大芬村考察，发觉这里"看不到画家作画，也没有什么像样的门店，整个村子看起来非常普通"。于是，区、镇、村共同出资 1000 万元，开始改造大芬村的村容村貌——拆除了有安全隐患的雨棚和一些农民自建房前后的围墙、乱搭建筑；重新规整大芬村的道路，修建了中心广场；布吉镇镇政府还修建了油画一条街，增设了艺术路灯与达·芬奇雕像。

不仅如此，他们还组织大芬村的画家、画商到国外考察市场，黄江本人借此机会去了阿联酋迪拜、埃及开罗等

图 23 大芬油画村街景

城市考察。当时，在布吉镇宣传部工作的任晓峰认为："大芬的奇迹是不可复制的，如果换一个地方、时间，或者换一批灵魂人物，这种看起来有点不上档次的小企业，既不合法合规，又有消防隐患，多半会像瘟神一样被送走。"但正因为在一切都有可能的深圳，大芬村的油画产业得到了政府的扶持，步入正轨，并茁壮成长。

2004年，大芬村已经有300多家画廊、工作室和门店。彼时还成立了美术产业协会，黄江当选为第一任会长。文化旅游部授牌大芬村为"国家文化产业示范基地"，深圳举办了首届文博会，大芬村是唯一一个以书画及相关产品展示与交易为主的分会场，排面可见一斑。

在首届文博会期间，大芬村开展了千人油画创作表演活动——大芬的街巷中，参与创作的1100名画家每人使用一个油画架，两两相对沿着街边排开，正好绕了大芬村内的主干道一周，全长近1000米。大家自由构思，即兴创作，令参观者叹为观止，也赚足了公众的眼球。这次表演，直接促成大芬村的3家公司与新西兰、美国、英国等地客商签订了上百万港元的油画销售合同。

第二届文博会时，欧美采购商签下了2.08亿美元的订单。2005年之时，欧美市场上70%的油画商品已来自中国，大芬村自己就贡献了这其中80%的份额。许多国外媒体盛赞道:"全世界的墙壁上都挂着他们的油画。"

2007年,政府投资近1亿元的大芬美术馆开业。这个建在村里的美术馆,不仅是深圳市展览面积最大的,还是全国第一家美术产业园区配套美术馆,大大提升了大芬油画村的档次和品位。建设"世界油画,中国大芬"!按照大家的设想,大芬村会继续高歌猛进,一路辉煌下去。然而,历史却在此时来了个180度的大转弯。

二、黑暗时刻

2008年金融危机爆发,欧美客户的钱袋紧缩,行画市场也连带着遭遇衰退。之前参加广交会,大芬村至少能签个几千万元的单。但当年的秋季广交会上,大芬村几乎"颗粒无收"。

受金融危机的影响,这场衰退持续了很久。对很多画工来说,直观的感受就是客户发来的订单越来越少:从每月至少一批,到两个月一批,再到一年一批,直至消失。很多画廊撑不下去,被迫关门,连带着许多画工出走,甚至扔掉画笔转行。

这其中就暴露出大芬村油画产业的致命问题。大芬村的油画产业80%依赖出口,一旦国外市场遇冷,大芬村的油画就很难卖出去。其实，就算没有这样一个黑天鹅事件，大芬村油画遇冷也是迟早的事。从世界范围来说，商品油画产业，一直在寻找劳动力更加低廉的地方发展。它最初的起源在欧洲，第一次世界大战后美国劳动力丰富且低廉，商品油画产业转移至美国，大批的画师也从欧洲迁往美国。第二次世界大战结束后，美国重新确立起国际金融体系，经济飞速发展，劳动力价格随之上涨，商品油画产业转而迁往韩国，之后又逐渐转入中国香港、新加坡等地，再由香港转入深圳。

经过深圳政府大力扶持后，大芬村发展迅猛，房租也不再像以前那样便宜——新来大芬村画画的年轻画工和画商，也要面临不菲的租房费用。此外，竞争压力和油画成本也在逐年上升。国外画商从大芬收购的油画，一幅最多几百元，卖到国外，价格涨了几倍，大芬油画工只是简单地挣到了几个辛苦钱。在狭小逼仄的厂房里，画画对他们来说，已经成为一种机械的肌肉记忆。

他们无法从凡·高和莫奈的画中体会到那种艺术之美，也无法让自己享受烦琐重复的劳动，他们只能不停地画着，用画画的钱养活自己。对欧美客户来说，油画是一种耗时、耗工、价贵的艺术品。欧洲古典时期，画一幅油画的时间可以长达数月甚至几年。但是，商品油画产业技术含量并不是特别高，临摹诸如凡·高、莫奈这样的油画大家的作品，只是满足一下人们对装饰品艺术油画的需求。

日本东京电视台曾播出了一档关于中国大芬村的综艺节目,它把大芬油画村描绘为"山寨绘画村",吐槽大芬油画村里所有人都在仿制凡·高等名家的名画。这也暴露出大芬村的油画缺乏原创性的弊端,而一旦被扣上"山寨"的帽子,再想翻身,就变得十分艰难。

过去,大芬村也出现过一些优秀的原创作品,但都叫不上价,甚至如果说是大芬村出来的,还会遭遇偏见——"至少心理上会降价"。没有人相信,这个以模仿为主的油画村,可以诞生优秀的画家和优秀的原创作品。

不可否认的是,过去的十几年里,大芬村确实凭借行画让很多人吃饱了饭、挣到了钱,也让很多早期来深圳的艺术家、知识分子、美术专业毕业的学生得到一个新的机会,不用为了温饱,放下画笔。但是,大芬村想要继续获得发展,就不能只是单一地复制油画,必须找到新的突破口。

在经济学界,有这样一个普遍的共识,就是当一个国家的人均 GDP 超过 1000 美元的时候,该国的文化消费将会急剧膨胀。欧美一些国家的文化消费占家庭消费的 30% 左右,也就是说每消费 10 美元,就有 3 美元是用于文化的。如今,中国的人均 GDP 早已超过 1000 美元,中国的文化产业也在蓬勃发展,艺术蕴含的商业机会和价值是不可估量的。

我们都听过美国的文化入侵,也听过他们凭借艺术赚得盆满钵满,他们掌握着世界一流艺术的话语权,比如迪士尼一个 IP(知识产权)可以获利数年、数十年。据外媒报道,米老鼠及其关联角色一年的商品销售额就高达 30 亿美元。

对大芬村来说,油画是他们与世界接壤最重要的接口。而今,如何在这个舞台上拥有更大的影响力,成为大芬村需要思考的重要问题。

三、从"中国画工"到"中国画家"

最先在破题之路上做出试探的,是敏锐的大芬村画工。

在纪录片《中国凡·高》里,画工赵小勇前半辈子一直在画凡·高作品,他早已将凡·高的作品烂熟于胸,最快可以在 28 分钟内临摹出一幅《向日葵》。赵小勇还教会了妻子画《星与夜》,教会了弟弟画《夜间咖啡馆》,教会了小舅子画《自画像》。这些年,他们一共画了 10 万幅凡·高的作品。

可是,赵小勇却从来没有机会亲眼看看凡·高的真迹。他窝在自己的小画室里,用辛苦赚回来的钱供养一家老小,在他的内心深处一直有一个梦想,就是可以去荷兰阿姆斯特丹,亲

第九章 深圳城中村的一万个凡·高

眼看看凡·高的真迹。可是高昂的机票钱，总是让这个梦想可望而不可即。

图24 荷兰的凡·高博物馆，可惜内部不许拍照，无法拍到真迹

在赵小勇的梦里，凡·高问他："小勇，你现在画我的作品怎么样了？"这句话让赵小勇不得不思考一个问题，自己究竟画得如何，究竟怎样可以画得更好？眼见着画廊的生意不尽如人意，他终于鼓起勇气，和妻子再三商量，说服妻子允许他奢侈一回，为了更好的未来。妻子同意了，赵小勇踏上了去荷兰的旅程。他全程兴奋不已，其间还专程拜访了自己的老客户。他一直以为自己的作品会挂在画廊里，谁知只是挂在了

161

凡·高博物馆旁的纪念馆里。在凡·高的画作面前，赵小勇久久驻足，呢喃道：不一样，还是不一样。

从美术馆出来，赵小勇蹲在路边很久，心想：画了凡·高作品 20 年，比不上博物馆里面的一幅作品。他一夜没睡，一直在思考：回到中国之后，我该怎么画下去？我到底有没有什么东西值得别人欣赏？

客观地说，并非所有的人都有能力从画工转变为画家，

图 25　凡·高《星空》仿作，原作创作于 1889 年 6 月

这也是赵小勇内心深处的自卑。可是这趟凡·高之行，让他更明白一个道理：画工、画家只是一个概念词，最重要的是你内心给自己的定位。赵小勇回到了自己的家乡，在那里，他把自己世代生活的地方用油画般的笔触展现在世人面前，他还把自己的画室搬到了画上，每一笔都是过去20多年走过的时光。

其实，大芬村的油画环境何愁孕育不出真正的画家？这里的人们为了生存在努力，而这样的环境一定能锻造出真正的艺术家。

在原创这条路上努力的，还有当地政府。他们鼓励大芬村进行产业转型升级，以行画复制做基底、原创作品为塔尖，同步发展"原创"与"行画"，把过往的"产业发展之地"变为"艺术家摇篮"；加大对艺术人才的培育，把既往的"画工"变为"画家"。

政府出资建立了大芬村画家公寓，以低廉价格出租给大芬村的原创画家。深圳市和龙岗区社保单位与大芬管理办联合召开会议，让画家挂靠大芬美术产业协会以办理社保，解决画家们的后顾之忧。深圳市人事局也曾下文规定，大芬画家们在积分入户上享有优惠。可见，所有的举措都旨在鼓励大芬村的画工们可以多做一些尝试。

当然，坚持做原创，总要付出一些代价，比如画作遇到瓶颈，比如卖画的收入只能基本维持房租，最惨的时候，许多画工一年只有三四万元收入，生活出现压力。不过，他们没有放弃，目前大芬村的原创画作占两成至三成。许多画廊也逐渐将视线投向国内市场，画家们的画作风格也随之改变，油画开始与国画相融合，很多以花卉和人物为主题的水墨画改用油画来表现。艺术形式也逐渐多元化，国画、刺绣、雕塑等纷纷进驻。

2017年1月6日"第五届全国中青年油画展"上，大芬村有49件作品参展。

2018年底，首届深圳大芬国际油画双年展举办，来自50多个国家和地区的264件油画作品参展，其中14位大芬原创画家作品也入选此次双年展，占总数的5.3%。现在大芬的画廊、展厅超过1000家，居住在大芬村的画家、画师超过8000人，原创画家群体300人，其中中国美术家协会会员24人、省级美术家协会会员50人、市级美术家协会会员150余人。

和其他小镇相比，大芬村的意义在于它第一次让画画成为普通人可以借以谋生的行业。虽然是从临摹起家，但这些画工们画出的每一笔，都让他们有了更多生存的勇气。如果不是大芬村，可能很多人的一生都会与艺术无缘。

在纪录片里，赵小勇曾哭着对镜头说起自己小时候父母没钱供他读书的遗憾。对于贫穷人家来说，吃饱饭是第一要务，如今的赵小勇已不再担心自己无钱供养家庭，他的手艺早已可以养活全家人。那些为生计用力画画的画工们，其实内心也有着自由的灵魂。几乎每一个来大芬村的人，都梦想着有一天可以为自己而画。

终有一日，这些勇敢前行的人会将"世界油画，中国大芬"这块招牌擦得更加闪亮。

参 考 资 料

1. 正解局. "中国油画第一村",将走向何方？[EB/OL].（2021-10-20）虎嗅网.
2. 黄江. 大芬村：中国油画第一村［M］//中国人民政治协商会议广东省委员会. 敢为人先——改革开放广东一千个率先. 北京：人民出版社，2015.
3. 陈遥. 大芬油画村：一支画笔绘出"文化立市"亮丽名片［N］. 深圳侨报，2018-12-27.
4. 老亨. 深圳传［M］. 北京：中国致公出版社，2021.
5. 余海波，余天琦. 中国凡·高. Truewotks，深圳世纪映像，2016.

第十章

印度人的头发,
河南人的财富密码

"守透发（收头发）！守长透发（收长头发）！"这句大家耳熟能详的语音来自一批河南人曾经走街串巷收头发的老回忆。带上一面镜子、一把尺子、一把梳子、一把剪子、一杆秤，这些河南人就穿梭在各个街巷，用几百到几千元不等的价格，收到满意的头发。而这些从全国各地收回来的头发，最后都被带回了河南许昌。

　　许昌是一个神奇的地方，是三国文化的发祥地，当时北方中原地区的政治中心、文化中心。现在的人了解它，多是因为这里有超市界的海底捞——"胖东来"。除了这些，许昌还有一个更响亮的称号——"中国毛发之乡"。这个当地人眼里的三线城市把头上生意做得风生水起，许昌的假发更是卖到了全世界。但其实近几年，听到这种吆喝的机会越来越少了。一是因为随着经济的发展，卖头发生意不好做了，二是国内也不流行留太长的头发了。所以，河南老乡收头发越来越困难了，于是他们就开始去印度收头发。而且，印度人自己并不知情。这

第十章　印度人的头发，河南人的财富密码

一切的开端，竟然是非洲黑人女性的头发。

一、黑黄金

一位黑人姑娘从美国科罗拉多州飞到纽约，3 个半小时的飞机，只为做一次头发。相当于从四川飞到北京，只为了做一个发型，并且这个发型还非常贵。

一个正常的带有假发片的造型，价格通常在 1000 美元以上。加上日常的打理、编织、更换，在国外，上万元人民币的假发造型很常见。普通的家庭教师、工薪阶层也是这样。而一个黑人女性家里至少得有几顶假发，是出门的必需品。据统计，黑人女性有 1/3 的收入用在假发上，甚至很多人在理发店分期付款买假发。

比起买衣服和包，她们更希望拥有的是假发。这在中国人的消费观里很匪夷所思。黑人的基因导致她们的头发又粗又硬，而且非常蓬松卷曲，大部分头发随着生长就会断掉，绕在头上，甚至变成所谓的"超级爆炸头"。

一些黑人女明星，比如碧昂丝、蕾哈娜、奥巴马的妻子、前第一夫人米歇尔·奥巴马，她们百变的发型，全部归功于这些假发。

黑人的这种发质，导致她们几乎没办法做任何发型，日常

169

的梳理甚至需要用到钢梳。

中国人洗头发只需要洗发水、护发素，再讲究一点的加上发膜和啫喱水；而黑人家里会有 30 多种针对头发的洗护专用品，比如顺发剂，有把头发拉直的效果。其实，这是一种腐蚀性很强的、有害的化学品，4 个小时就能腐蚀掉一个铝罐，所以很多人在使用过程中头皮会被灼伤。即使如此，很多黑人，甚至小到 4 岁的小孩仍然坚持使用，因为普通的拉直方法对她们是无效的。

顺发剂的危害性被曝光之后，在黑人群体中引起巨大的恐慌。所以她们更愿意购买假发，不但省时省力，还安全无副作用。如今，仅仅在美国，黑人假发就是一个 90 亿美元的大产业。

对黑人来说，拥有一头乌黑靓丽的直发，是她们的梦想。因此，黑直发被称为"黑黄金"。一把没有烫染过的黑发，可以卖到 3 万元人民币。

而有一种人，是含着黑黄金出生的，那就是亚洲人。以前只知道"黑命贵"，现在知道了，黑发也贵。在过去的很多年里，韩国人一直垄断着假发生意。而近几年，有一支后起之秀突破了韩国人的垄断。这就是河南许昌人。

二、去印度"薅头发"

其实严格来说，河南人并不是后起之秀。假发产业在河南历史悠久，可以追溯到清朝年间。

1900年前后，有一个德国商人来到许昌，用做针线活用的钢针和当地人换头发，再转手将头发卖到欧美换取利润。当人们发现卖头发能赚钱之后，这门生意便兴盛了起来，也就有了走街串巷"收头发"的吆喝。当时根据清朝的规制，中国人都留着长发，头发商人得了天时。尤其是大清亡了之后，中国人集体剃发，头发商便有了收成。

直到今天为止，人造的头发比如化纤假发，虽然看起来和人发差不多，但实际上质感有别，而且经不住烫染和造型。所以，中高端假发暂时还没有人造替代品，都得去收取真人的头发。

直到今天为止，中国头发的品质都是最好的。但是近些年，国内生活水平提高之后，已经很难再买到没有烫染过的长发了。为了解决货源问题，许昌人就开始在国外收头发，其中的卖发大户，就是印度。印度人的头发也是全世界公认的发质最好的头发之一，并且很多没有经过烫染，最好的头发有时可以卖到800美元/千克。

印度有一个习俗，是去寺庙剃光自己的头发，以头发作为献祭，供奉给他们的神。有一半以上的印度人，一生中至少有两次这样的仪式。

在印度，一个普通的印度教寺庙里，都有 600 多位剃头师傅，每天为前来朝拜的信徒剃光他们的头发，接着把这些头发收集起来，卖给印度商人。印度商人把头发简单整理，就转手卖给了河南人。河南人会用祖传的手艺，将它们做成一顶顶好看的假发。最后，这些头发将穿越大半个地球，戴到北美黑人的头上。

靠着这个隐秘的产业，印度的一个寺庙每年收入过亿，赚的钱仅次于梵蒂冈，是世界上第二赚钱的寺庙。这种把信徒的头发卖掉的操作，在印度人看来也很合理，甚至是双赢。寺庙可以用卖头发的钱为穷人布施、为学校和医院捐款以及做其他慈善活动，信徒们的头发也不用被当垃圾一样随意丢弃。在这个产业里，坚持变废为宝的中国河南人，也成功赚到了大钱。

三、干翻韩国

虽然从清朝开始，许昌人就做假发买卖和加工，但在很长时间里，假发的品牌、渠道、技术都被韩国人垄断，中国人只是代工厂的角色，只能赚点加工费。

直到1954 年，郑有全在许昌出生。他的父亲年轻时就和村民们一块收头发。耳濡目染的郑有全也学到了这门生意的精

第十章 印度人的头发，河南人的财富密码

髓。高中毕业后的郑有全当过村大队干部和民办教师，但后来还是走上了和父亲当年一样的道路，跟同村的人一起参与收头发的生意。但当时的人们没有想到，这门小生意会被郑有全做成上亿元的跨国产业。

据郑有全观察，当时许昌最主要的困难就是缺乏技术，因此很多人都只是简单加工收来的头发，并不会制作假发。那么高额的利润，自然都被有能力生产假发制品的韩国人和日本人赚去了。

1989年6月，为扩大出口，国家轻纺投资公司决定投放巨额贷款，扶持许昌县成立发制品总厂。投资公司在当地挑选经营人才，和郑有全一拍即合。1990年10月，36岁的郑有全带领30多名乡亲来到县城，创办了许昌县发制品总厂。第一步就是攻克三联机，这是发制品生产的重要设备。但当时，青岛几家设备比较齐全的假发制造厂，谁也不肯转让技术。

郑有全只能请来一位从青岛工厂里退休的老师傅，凭印象绘制三联机的图纸，找机械制造厂出样机，做修改，来来回回折腾了20次，终于造出了合格的三联机。随后，郑有全又带领工人，攻克卷发、烘发、刘海压坑、头皮制作、网帽制作等十多个环节，掌握了从档发到工艺发的一系列工艺和程序，并且还自制了生产设备。国产三联机的出世，成功打破了外企的技术垄断。最重要的是，三联机、染色等工艺开始外传，技术

173

扩散开来，原来印染是只有日韩企业能做的高技术，现在许昌的很多企业都能做。因为各种技术和原材料都容易获得，想要开厂非常方便，许昌的假发制作厂迅速遍地开花。

与此同时，一个全新的品牌——瑞贝卡诞生了。此时的郑有全尚不能完全撼动日韩企业的假发地位，因为他还有一个重要环节没有打通，那就是销售渠道。日韩企业在假发市场耕耘多年，几乎垄断了大部分的销售渠道。郑有全回忆他第一次到访美国的场景，根本没有经销商理他。为了扩展瑞贝卡的海外营销网络，他引入美国营销公司入股瑞贝卡，让假发可以销往美国市场。本来对中国假发不感兴趣的人，结果发现了市场。

他们的假发第一站往往都是销往非洲，这是因为美国的销售成本太高，而非洲容易拿签证，生活成本也低，所以很多人选择去非洲卖假发。毕竟，那里也有很多的黑人女性，虽然购买力不高，但基数大。不过，在非洲做生意也没有想象的那么简单。

首先，非洲的治安是一个大问题。许多非洲人只要有持枪证，就可以上街买枪。因此很多河南人的货仓都被抢劫过，一晚上五六百万元的货就没了。而非洲警察的办事效率又很低，基本上只能自认倒霉。

其次，非洲汇率的波动性也很大，一夜之间涨跌 50% 的情况也是有的，这对企业汇兑也非常不友好。

最后，某些非洲人拿到了货就关门，很多钱都收不回来。

第十章 印度人的头发，河南人的财富密码

不过即使在这么艰难的环境里，许昌人还是想办法维持着假发生意。终于，他们等到了时代的东风——跨境电商成为许昌人新的财富密码，并且非常完美地规避了在非洲跑销售的风险。虽然跨境电商并没有听起来那么新奇，只是把国内的东西挂到网上，直接卖给外国人，但是因为跨了国，还有物流等问题，过去一直都解决不了，直到近几年，国内外电商都成熟了之后，才逐渐兴起。许昌人就吃上了这第一批"螃蟹"。

在跨境平台上，许昌人直接在线上卖假发，绕过中间商直接赚美元。平台一早就把钱收好，只需直接发货给对方，既不会坏账，也不会被抢劫。而且，通过跨境电商，许昌人的假发直接击穿了韩国人的垄断销售网络，在美国也卖得红红火火。

为了把境外市场做起来，许昌的假发厂老板们仔仔细细地研究了一番。首先就是搞清楚客户群体。假发的客户群体，当然就是黑人女性，打开几个著名的假发大牌主页，首页的头图、宣传图、模特，几乎全是黑人女性。其中已经成为假发界爱马仕的瑞贝卡，首页上写着"美国仓发货，3 天到美国；比利时仓发货，3 天到欧洲"，这快递在国外可以说是很有效率了。其次，就是做爆款。这个在国内已经很成熟，而把这一套搬到国外简直就是降维打击。

据一个许昌经销商说，奥巴马做总统时，他们曾推出过一款第一夫人米歇尔的同款发型。没想到，这款假发立刻大

175

卖，连续几个月脱销，后来他们在非洲注册了第一夫人（First Lady）这个品牌。他们也在网络媒体上大范围投放广告，找黑人网红给他们做视频、拍照片，甚至还率先在外网搞起了带货直播。

他们还会研究最近的服装流行趋势，比如之前服装流行蕾丝、复古的元素，假发就会配合这种风格开发配套发型，甚至还会在黑人歌手的音乐短片和某个街拍造型中寻找灵感，可以说是全方位配合黑人假发的品位。

总之，明星同款、网红带货、制造爆款，这些在国内已经娴熟的打法，依然可以复制到国外。而且，线上购物还免去了黑人不愉快的线下体验。据 2018 年美国盖洛普咨询公司的调查，59% 的美国黑人称在市区商店和大型购物商场享受的待遇不如白人消费者。实体店销售人员，或者是商场保安，往往认为黑人更有可能盗窃商品或者经济水平低，买不起高端商品。有的美妆美发品牌实体店甚至把黑人女性的产品陈列柜上锁，有时还会拒绝黑人消费者购买。

如今，许昌已经不仅仅是代工厂，而且是名副其实的世界假发之都。比线下便宜还比线下服务好，许昌成功靠线上突围。这个市场也不仅仅是国外热，国家卫健委调查数据显示，近年来，我国脱发人群呈直线上升趋势，平均每 6 人中就有 1 人脱发，脱发人群已超 2.5 亿人。这其中，20 岁到 40 岁

第十章 印度人的头发，河南人的财富密码

之间的人占据较大比例。

"秃头星人"的增加，也让国内的假发市场越来越宽广。毕竟，跟植发比起来，还是假发更划算。做一个植发手术，少则花费上万元，多则更多，而且植发的后续保养也是问题。华经产业研究院数据显示，2021年我国假发行业市场规模为92亿元，同比增长15.3%。其中40岁以下假发消费者占比为46%。

据许昌一位假发电商店主许先生所说，如今，假发行业几乎不会亏钱，只有赚得多与少的问题。只要认真做，几乎不会赔。不过，假发的成本中，90%都是来自印度的原料，那为什么印度人不自己加工假发呢？再说了，消费者都是黑人，那为什么非洲人不自己加工假发呢？因为他们做不了！

假发不容小看，它看起来是一个平平无奇的小商品，但其实制作工艺极其复杂，总共有121道工序，而且其中很多工种，都需要有经验的老师傅才可以完成。比如最名贵的全手织假发，最难的一道工艺，是要一针一针地把头发缝到蕾丝发网上，一个针眼钩2—3根头发。

只有这样，足够逼真的蕾丝发网才能看起来像真的头皮，而一针一针缝制的头发才能像真的发丝，真正做到以假乱真。整个头套需要钩至少2.3万针，需要一个熟练老师傅缝制20天左右。

据许昌的一些工厂介绍，他们也在尝试把一些环节工业化，但大概是因为头发太细、太脆弱，机器的精度达不到，所以这些看似科技含量不高的工作，反倒需要人工完成。一些许昌商人尝试在非洲和印度建厂，培训那边的工人做假发，但没什么起色。所以到今天为止，许昌的假发生产，几乎还是由许昌人一针一线人工完成的。所以，这也大大带动了河南的就业。在许昌的许多村子里，都有大大小小的假发厂在招工。那些不得不照顾家庭的妇女、老人，就在假发厂里工作。她们没办法离家太远，又想要通过工作来获取收入，因此假发厂便成了一个非常好的选择。有的厂子还允许工人把机器拉到家里居家办公，只要在规定的时间内，准时把做好的假发带回工厂里质检就可以。如果是在农忙时期，工人还可以请假。如今，假发生意如火如荼，还吸引了许多高学历的人前去就业。

许昌的政府也非常支持当地的假发产业。他们鼓励许昌的高校、高职院校开展跨境电商专业，为假发销售培养专业人才，许昌学院已经和瑞贝卡联手成立了瑞贝卡学院——全中国唯一的发制品行业学院，从"三联机应用技术"讲到"假发头套制作工艺"，毕业即上岗。

许昌还成立了河南省发制品工程技术研究中心，每年投入销售收入的3%用于产品研发和技术创新，现在已经有专利714项、自主品牌109个。此外，许昌人还修订了自己的产业标准，提升产品质量和档次，成功举办过多届发制品跨境电商大会，商务部领导、非洲国家官员都来为大会站台。现在，全许昌有 5000 多家大小假发作坊，而假发出口额在 2016 年就超过 10 亿美元。

根据阿里巴巴发布的 2021 年"双 11"数据，"许昌假发"位列"全球速卖通"海外热销榜第三位。亚马逊上的假发产业也几乎被来自许昌的商家把控。有数据显示，亚马逊每 100 个假发销售门店里，就有 96 个是中国卖家。在许昌，437 万的人口中有 30 万人就活跃在假发这条产业链上，可以说这门生意至少养活了许昌 30 多万人。

2021 年，河南地区生产总值全国排名第五，郑州、洛阳、南阳、许昌等 9 个下辖市地区生产总值超过 3000 亿元，就连许多人轻视的脏头发产业，也被河南人做到了世界第一。人们都说，中国是世界工厂。但也总有人说，在这个世界工厂里很多人从事的都是低端产业，技术含量低，可替代性强。这些话部分确实也是事实，但是许昌的假发产业，是一门从 100 多年前就在许昌存在的手艺，像是中国工业的见证者。从清朝末年带有殖民色彩的萌芽，到为韩国人赚代工费，再到今天终于有了自己的品牌，甚至可以作为奢侈品纵横北美市场。这一顶小小的假发，是中国轻工业发展的缩影。

在国人的世界里，我们很难理解"累"或者"懒"会成为一个产业无法做起来的理由。但是,许多产业确确实实都是因为这样被放弃的。国人从做这些最苦最累的活开始,一针一针地缝制头发,将中国做成了世界第一工业国。很多人说,轻工业没有技术门槛,很难形成壁垒。但其实,中国人的勤劳勇敢,就是中国人的护城河。

参 考 资 料

1. 杰夫·斯蒂尔森. 好发型. HBO,2009.
2. 刘雨静. "特写"放弃上海40万年薪,去卖假发给黑人. 界面新闻,2019-03-13.
3. 陈维贤. 30万河南人承包全球假发!靠电商、网红……1年狂赚15亿. 微信公众号"运营研究社",2020-04-29.
4. 郑鹏飞,周雪玲. 每5个黑人头顶,就有一顶假发来自河南许昌. 微信公众号"远川研究所",2021-12-12.
5. 贡献全球六成销量!河南许昌的假发生意有多强?. 微信公众号"天眼查",2021-04-08.

第十一章

从螺蛳粉之都到国民神车，
广西不起眼小城传奇

柳州螺蛳粉、南宁老友粉、桂林米粉，并称为广西米粉"三巨头"。原本这是一个"三粉分天下"的故事，但这几年螺蛳粉的突然爆火，让老友粉和米粉黯淡了不少。今天，螺蛳粉已经成为广西的头号名片。

螺蛳汤是螺蛳粉的精髓。好的汤底，要选用拇指大小、肉质肥美鲜甜的石螺炝炒收汁后，文火熬6小时以上。配料中炸花生米、木耳、萝卜干、酸豆角、腐竹缺一不可。米粉必须选用含水量15%左右的干米粉才能保证爽滑、筋道。螺蛳粉必须臭，不臭的不能称为柳州螺蛳粉，吃上一口，满满的酸、辣、鲜、香、爽。

2021年6月，国务院将柳州螺蛳粉制作技艺纳入第五批国家级非物质文化遗产代表性项目名录。其实，柳州螺蛳粉能火起来真的并不是偶然，柳州政府真的是在不遗余力地推广螺蛳粉。柳州市副市长甚至亲自直播带货，1200袋现货螺蛳粉当场被"秒空"。

第十一章 从螺蛳粉之都到国民神车，广西不起眼小城传奇

袋装螺蛳粉刚出现的时候，柳州政府搞过一个袋装螺蛳粉大赛，每年政府拨出650万元，给优秀的螺蛳粉颁奖，特等奖的奖金高达300万元。电商时代到来的时候，柳州政府更是亲自跑去跟各家电商平台谈判，让自己本地的企业入驻。

2016年，吃播在国内兴起，柳州市政府又推出"螺蛳粉吃播"，带动了一大批主播、B站up主（视频上传者）试吃、参与。在柳州，还有一个广西非物质文化遗产的代表性项目——柳州螺蛳粉博物馆。在这里，你可以感受到柳州螺蛳粉的文化历史和产业历程的发展壮大。

图26 全国各地都有的螺蛳粉招牌

博物馆一楼还有体验区和购物区，游客可以自己现场亲

183

手煮一碗正宗的柳州螺蛳粉，吃得满意，走的时候还可以买上几包带回家。为一碗粉，建一座博物馆，柳州，不愧是你。

而柳州政府也是实实在在地把螺蛳粉当作一项产业在推广，不仅出台了产业发展的实施方案，还制定了柳州螺蛳粉食品安全标准。甚至像许多工业园区一样，螺蛳粉也有自己的产业园，产业园里从原料供应、产品加工、包装、网络销售，到物流配送，已经形成"一条龙服务"。此外，柳州还在布局螺蛳养殖、笋与豆角的种植以及腐竹和米粉的规模化生产，为的就是强化螺蛳粉产业链布局。

他们说要用工业化的理念谋划发展广西优势特色米粉全产业链，到 2025 年，力争实现广西优势特色米粉全产业链销售收入超 1000 亿元。我们只看到螺蛳粉走红，但没看到在它没火的 10 年里，每天为了把它发扬光大而奔波的柳州政府和人民。这样的例子，在柳州还有一个，就是以五菱汽车为代表的汽车工业。

一、柳州模式

在柳州街头闲逛，最大一个感受就是，电动车真是太多了——连警车也是宝骏。

第十一章　从螺蛳粉之都到国民神车，广西不起眼小城传奇

柳州是一座名副其实的新能源之城，不仅仅因为五菱诞生在这里，还因为政府对新能源企业的高度支持。虽然各地政府都很支持新能源，但是柳州开始的时间之早、投入的力度之强，着实超出想象。

从 2014 年开始，柳州就抢先一步推广新能源车。今天我们对于新能源车已经习以为常，但是在 2014 年，让大众接受新能源车可并不容易。根据数据显示，2013 年全球电动汽车销量 22.6 万辆，中国仅 1.76 万辆。

大部分人对新能源汽车的认知很少，也没有什么人去购买，再加上当时的国内充电桩太少，全国仅建成 600 座充换电站、2.6 万个充电桩，完全无法满足人们的日常需求。此外，大家都很担忧安全问题，比如电车在充电时爆炸等，都会打击人们对新能源汽车的信心。但发展新能源汽车，又是我们势在必行的事。

我在福建宁德小镇那篇里提到过，新能源汽车发展具有重要的战略意义，除了基于环保考虑，更重要的是发展多元化的能源结构，以摆脱对石油进口的依赖。

如果放在别的企业身上，想要独自解决新能源汽车面临的困境几乎是不可能的事，但五菱的不同之处就在于，它的背后是整个柳州政府。

第一步，五菱拿出了几千台车供大家免费体验。毕竟，那

185

时的人们，甚至还没有见过新能源车，所以不敢轻易下手。

这种简单粗暴的撒钱式体验结果是，很多人都发现这种小型的新能源汽车特别好开，最后大约60%的体验用户基本上转成了购车用户。而放眼现在的柳州街头，几乎全是宝骏E100、E200，五菱宏光MINIEV这样的微型车。第一次开这种小型的车，有一种不真实感，就好像来到了小人国，有种一个一米八的人突然变成了一米的感觉。但是实际上，车非常好开，而且价格也相当划算，租一天只需99元，而一般的油车租赁一天基本是两三百元左右。

第二步，是解决充电焦虑的问题。五菱开发了一款小功率的智能充电桩，功率相当于家用220伏、50安培插座的功率。然后，在全市推广，实现了车桩3∶1的配比，也就是每三台新能源车，就配一个充电桩。除此之外，柳州还推出过电费补贴，最高的补贴标准是一辆车每年4000元，而且在五菱建的充电桩上免费充电。

第三步，就是解决停车问题。当年，柳州市政府举办了一个"全民找车位"的活动。柳州市民开着小型新能源车，发现某个地方可以停车，他只要拍下这个照片，然后上传地址，经过审核，就可以设立新的专用车位。前提条件是不能对现有的交通安全产生阻碍；不能占用公共资源，不能对市容市貌造成影响；不能对现有标准的停车位产生影响等。

第十一章 从螺蛳粉之都到国民神车，广西不起眼小城传奇

用这种方式，市民们找到了 8000 多个小型新能源汽车的专用车位——两棵树之间、广告牌旁边、人行道旁边等闲置空间，都被五菱汽车发展成了新能源汽车的专用停车位。在允许临时停放或公共场地的停车场内，新能源车是一个小时之内停车免费，有些商场甚至两小时内都是免费的，而且绿牌车在任何时候都可以走公交车道。

据调查统计，柳州的新能源汽车用户，平均每天在找车位与停车上，节约了 13 分钟，拥堵时间减少了 19 分钟。截至 2022 年 8 月底，五菱的代表车型宏光 MINIEV 车系累计销量达 80 万辆，22 个月蝉联国内新能源汽车销量冠军，7 度登顶全球新能源单一车型销量冠军。

2022 年的 1 月至 6 月，柳州新能源汽车渗透率为 54.63%，相当于车市每销售 100 辆汽车中，就有 54 辆是新能源汽车。2018 年至 2020 年，柳州凭借 19.9%、24.7%、28.8% 的乘用车电动化率连续 3 年全国排名第一。这种政企联动的推广模式，已经被称为柳州模式，被总结成 7 个关键数据，甚至上升成为"广西模式"。

二、五菱缔造柳州传奇

2010 年，五菱之光登上了《福布斯》的封面，标题是：

《地球上最重要的一款车》。想到五菱，很多人脑子里冒出来的是《头文字D》里的秋名山神车或者是游戏里的二次元五菱宏光。但其实，五菱有一句很有名的口号：人民需要什么，五菱就造什么。

了解了五菱的历史，你会对它心生敬意。对一般的三线小城市来说，做一个自己的博物馆都很困难，但是柳州有一座工业主题的博物馆。这里记载着柳州工业的百年历史，它的主题就是四个字：人民需要。

1928年，柳州机械厂成立。1933年，因为广西被封锁，石油匮乏，当时的柳州人深感人民需要，于是自己造出了时速40千米的木炭车。这种车，每千米消耗木炭1市斤，耗费量仅为当时汽油的1/10，不烧油，烧炭跑，可以称为柳州的第一代神车。

抗日战争爆发的时候，柳州机械厂又鼓捣出了广西第一台战机"朱荣章号"参与抗战。

抗日战争全面爆发后，柳州工业遭受了严重破坏。到新中国成立的时候，整个广西的工业企业只有100余家，柳州工业总产值不足千万元，可以说工业底子非常薄弱。

在1958年的南宁会议上，广西政府大力要求改变现状，因此中央在广西设立三大工业区，柳州柳北工业区便是其中之一。此举不仅奠定了广西的工业基础，也催生了一个巨型工业

第十一章 从螺蛳粉之都到国民神车，广西不起眼小城传奇

城市——柳州。也就是从那时起，柳州的钢铁厂、热电站、联合机械厂、化工厂、动力机械厂、建筑机械厂、水泥厂、造纸厂、第二化工厂、柳北水厂十大工业项目开建，奠定了柳州重化工业的基础。

1958年10月，柳州机械厂的动力车间单独成厂，成为柳州动力机械厂，主要生产船用发动机，这就是五菱汽车的前身。1959年经济困难时期，国家没有造船需要，全国上下的口号都是"1980年实现农业机械化"。于是，柳州动力机械厂感受到人民需要，开始生产拖拉机。

尽管条件艰苦，也没有经验和技术，柳州动力机械厂还是用4年时间试制出了"丰收牌"拖拉机。该拖拉机在计划经济年代被纳入国家定型产品，柳州动力机械厂也更名为柳州拖拉机厂，巅峰时期年产量可以达到5000台。但是，广西的轻工业发展严重不足，于是柳州拖拉机厂感受到人民需要，先后生产了缝纫机和织棉机，我想这也是后来造口罩机的一个小伏笔。

1980年，中央有关单位引进了一台日本三菱小货车，组织国内的厂家研究。而当时的汽车制造业，"三大三小"①是国家重点扶植对象。那时，柳拖厂非常羡慕，但没资格。最

---

① "三大"指"一汽、东风、上汽"，"三小"指"广汽、北汽、天汽"。

189

后，在柳州政府的支持下，全厂上下省吃俭用，自己去买了辆日本微型车。

柳拖厂买的是三菱 L100 微型车，工人将车拆成了 2500 余种、5500 余件零件。每一件，工人们都手工测量、绘图。三个月后，他们硬生生地"拼"出来一辆"万家牌"试制车。1985 年，他们引进三菱技术，并正式改名为"柳州微型汽车厂"。随后，五菱商标启用，这是由五个菱形组成的"W"，远远望去，就像是一只雄鹰正展翅高飞。

五菱造车的时代，正式开启。从造拖拉机到造车，兰博基尼和保时捷也尝试过。五菱汽车的封神之路，也由此开始。

1992 年，柳微厂的年产量高居行业第二，在所有汽车厂中排名第 13 位。到了 1998 年，柳州五菱的产销量已做到微型车行业的全国第一。但柳州没有躺在功劳簿上坐吃山空，他们决定继续向前发展，引入外资，学习国外更加先进的技术和管理经验。

五菱当时选中的合作伙伴是美国通用汽车，但当时我国的规定是"一个外国公司最多只能和两个国内企业合作"，由于通用已经和上汽、金杯两家中国公司合作，没有名额给五菱了。

2002 年，为了促成与外资的合作，广西、柳州两级地方政府不惜将 75.9% 的国有法人股无偿划转给上汽集团，改组

第十一章　从螺蛳粉之都到国民神车，广西不起眼小城传奇

成立上汽五菱。而后，通用又注入资金，成立上汽通用五菱，促成与上汽集团、美国通用的"中中外"联合。唯一的条件是：配套的厂商需要都留在柳州。

的确，柳州用股份来换取了汽车技术和一个继续向前的可能性。从2007年开始，五菱投入3%的销售收入在研发上，还与上海交大等高校合作成立了研究机构。到2009年，五菱的汽车销量已经突破100万辆，也正是这一年它登上福布斯排行榜。到此时为止，五菱宏光甚至还没有问世。

2010年，秋名山神车五菱宏光终于含着银汤匙降世。它的诞生来自人民的需要：五菱宏光，既可以运货又可以家用，成为当年的小镇青年能买得起的第一辆车。

从那时起，江湖总有五菱宏光的传说。人人都知道五菱宏光实惠，但很多人不知道五菱工程师对五菱的用心，绝不止于此。据说五菱汽车的工程师曾做过数千组数据，就是为了将车门拉宽几毫米。

就是这不起眼的几毫米，让市场上常见的门板尺寸都能塞进五菱车里——对于常年拉货、拉建材的人来说，这几毫米，每跑一趟可能就能多赚几百元钱。一辆5万元的五菱，同时配有ABS（防抱死制动系统）和安全气囊，如果加钱到6万元，甚至还能有双气囊。

这意味着，那些拿命挣钱的车主，在所有车里只会看中最

便宜的那一档。很多和五菱同价位的竞品，为了省下一点儿钱，是不配置这两项安全装置的。在绝大多数时候，防抱死制动系统和气囊不是必要的，但是在关键时刻，这就是活人和黑白照片的区别。

五菱宏光是五菱满足人民需要的登峰造极之作。这辆车，造到了劳动人民的心坎里。

2020年2月，因为新冠疫情的突然暴发，口罩被炒到了天价。在这样的情况下，五菱将原有的2000平方米无尘生产车间改建成了12条口罩生产线，用76个小时完成了10天的工作量，造出了第一台五菱牌口罩机。口罩机投产后，五菱每天可以完成一条全新生产线，日均生产口罩200万只。而且，五菱生产的口罩，全都只赠不卖。

如今的五菱是一个中外合资、国资控股的国产品牌，可以想见它内部审批流程的复杂。

这就是五菱和柳州的鱼水之情。滴水之恩，涌泉相报。

三、柳州的新时代

而近两年，五菱汽车销量开始下滑。原因也很简单，中国人民的生活水平提高了，想要更好的车。五菱再次感受到人民的需求。于是，以五菱宏光MINIEV为代表的微型新能源车

第十一章 从螺蛳粉之都到国民神车，广西不起眼小城传奇

应运而生。

在此之前，五菱做了充分的市场调研。他们发现普通用户的每日出行范围大约在 40 千米以内，主要的日程就是通勤、接送孩子和购物逛街。对他们来说，一辆小小的代步车足以满足日常的需求。五菱宏光 MINIEV 最大的优势是性价比极高，售价仅为 2.88 万至 3.88 万元，入手门槛很低，颜值还高。

图 27　五菱宏光 MINIEV 粉色版

如今，五菱的用户画像已经不仅仅局限于养家糊口的经济适用车用户，而是包含更年轻、更活跃的"90 后"。作为新时代的中国青年，他们热爱改装。五菱对他们来说，可以是第

二辆代步车、个性的改装车，还可以是夜市摆摊的小货车。在街上，看到一辆奔驰已经不足为奇，而开着一辆 MINIEV，都会吸引路人的目光。

如今的 MINIEV 正与当年五菱宏光的坚固耐用一样，它们年轻时尚，代表的是不同年代但是同样年轻的中国人对更好生活的向往与追求，而与它们一起变得更好的，还有柳州。

工业兴，则柳州兴。为了发展工业，柳州曾经不得已割舍了环境保护。在柳州工业历史博物馆里，陈列着这样一封市民"控诉信"：

> 1991 年，仅 5 月底一场酸雨，市郊农作物就受到了不同程度的危害。柳北郊外白露、长塘乡屯的瓜地、菜地被酸雨袭击后严重枯萎；市红星园艺场职工种的数十万株西瓜、蜜香瓜，叶子变黄，藤蔓枯干。尚未成熟的瓜果纷纷脱柄，就连蔬菜基地的辣椒、西红柿、四季豆也全枯死了……

当时的柳州烟囱林立、浓烟滚滚，以重化工业为主的粗放发展模式导致环境污染严重，那时酸雨率曾高达 98.4%，柳州甚至成为全国四大酸雨区之一。只要下雨，必是"十雨九酸"，不小心被酸雨淋到，头皮都发痒。许多"老柳州"只要一提到酸雨，就心有余悸。面对环保压力，柳州市委、市政府下定决心：发展与环保，两手都要抓，两手都要硬！他们提出工业发展与环境保护要同步推进的口号，打造"生态工业柳州，宜居创业城市"。

自 2001 年以来，柳州已投资 80 多亿元，修建了 1000 多千米的地下管道，用于收集废水并将其转移到处理厂。全市 8 个产业集群现已有集中废水处理设施，并推行低排放改造，大大减少了工业产生的污染物。

柳州市还重点引导企业"退城进郊""退城进园"，通过"搬迁一批、改造一批、转型一批、关停一批"的"四个一批"方式开展老城区改造，实施产业升级转换。全市 559 家"散、乱、污"企业全部完成整治，40 家重点行业企业完成清洁化改造。经过多年的不懈努力，柳州甩掉了"酸雨之都"的帽子，恢复了昔日的碧水蓝天、青山绿地，空气质量实现"双突破"。

2020 年，柳州市区环境空气质量优良天数比率达 96.7%，优良天数 354 天，细颗粒物（$PM_{2.5}$）浓度均值每立方米 29 微克，均超额完成自治区下达的目标任务。与此同时，水环境质量跃升至全国第一。如今的柳州，开窗山清水秀，出门鸟语花香，有着"工业城市中山水最美，山水城市中工业最强"的美誉。

柳州这样的小城能诞生五菱这样的品牌，再一步步走到今天，真堪称是工业奇迹。放眼中国，能够发展得很好的城市要么本身就是省会，有着政治资源的优势，要么沿海，是老天爷赏饭吃，再不济也是天赋异禀，有着独特的矿产资源等，但柳州却是靠自己闯出了一片天。这是奇迹，但绝非运气。

五菱的实验室名字叫作广西新能源实验室，它总在强调自己是广西最大、广西唯一。也许对于一线城市的人来说，大家习惯了全国第一、世界第一这样的荣誉，对于一线城市的人来说，新能源实验室是很难得，但是找出个把也不难。但是对于广西来说，这里地处偏远，人口少，工业基础薄弱，资源也不算丰富，在过去被称为"南疆"。

1958年，南宁会议召开，广西省长求助中央，在这里划了三个工业基地；接着广西省委又求来沿海和北方老工业基地的技术人员，支援南疆；1980年，国家引进汽车技术，但并未轮到他们。一线城市随手拈来的机遇，他们要拼尽全力，才能争取到一点。就是这样在夹缝中求生存，经历了六七次的濒临破产，五菱才活到今天，打破100万辆新能源汽车销售的最快纪录。

为什么五菱的产品总是能做到中国人的心坎里？因为没有人比它更理解劳动人民，了解他们的苦难、理解他们的艰辛、与他们感同身受、和他们站在一起。五菱的今天，正是由广西

第十一章 从螺蛳粉之都到国民神车，广西不起眼小城传奇

劳动人民一点一滴的血汗铸成的。

如今的柳州是国家汽车零部件生产基地、国家汽车及零部件出口基地、全国五大汽车城和七大汽车产业示范基地之一，也是全国唯一拥有一汽、东风、上汽和重汽四大汽车集团整车生产企业的城市。它成为一座有百年历史的工业城市，有自己的工业博物馆，有着比共和国还要年长的光辉工业历史。它造过船，造过飞机，造过汽车，也造过衣服、螺蛳粉和口罩机。

它不是一个不起眼的广西小城，也是中国南疆的工业重镇、广西新能源的脊梁、五个少数民族自治区的重工业心脏。中国最有名的神车，叫五菱宏光；而中国汽车如果有传奇，那一定叫柳州。期待有百年工业历史的柳州和五菱及年轻人一起，创造中国汽车新的传奇。

参考资料

1. 王瑞昊.五菱再次超越特斯拉的背后,"柳州模式"为何不能普及到全国?[EB/OL].(2020-11-12)车云网.

2. 蛋蛋姐.五菱的76个小时,改变了中国口罩.酷玩实验室,2020-02-22.

3. 蛋蛋姐.左手螺蛳粉,右手电动车,柳州做对了什么?.酷玩实验室,2021-04-27.

4. 王千马,何丹.大国出行:汽车里的城市战争[M].杭州:浙江大学出版社,2020.

5. 李雪玮.一江春水一池城,一片蓝天一树花|柳州从"酸雨之都"到"花园城市"的蜕变.载于柳州环保,转自柳州市纪委监委驻柳州市生态环境局纪检监察组,2021-03-03.

第十二章

神奇章丘的大葱

著名作家老舍先生，在一篇描述济南的文章里，有一个专门夸赞大葱的段落：

最美是那个晶亮，含着水，细润，纯洁的白颜色。这个纯洁的白色好像只有看见过古代希腊女神的乳房者才能明白其中的奥妙，鲜，白，带着滋养生命的乳浆！这个白色叫你舍不得吃它，而拿在手中颠着，赞叹着，好像对于宇宙的伟大有所领悟。

章丘的大葱又脆又甜，还可以生吃。鲁菜经典"葱烧海参"就是搭配一根腌制好的山东章丘大葱，滋味发甜，补肾益气。

从国产大葱，到如今的章丘大葱，日本已经播起了广告，这中间究竟有什么故事呢？首先，说到大葱，有不同的种类。章丘大葱继承了山东蔬菜的优良特点，那就是：又高又大！

第十二章 神奇章丘的大葱

一、葱状元

章丘大葱，是山东著名特产之一，种植历史已经有 2600 多年。明朝时期，章丘大葱就被明世宗御封为"葱中之王"，现在已经是鼎鼎有名的"世界葱王"。

它的特点之一就是"高大威猛"——葱白一般 50—60 厘米，最长的可以达到 80 厘米。在山东，要想带葱出门，需得自备小车。如果要送人大葱，可能需要提前沟通一下，不然只能放在楼道里。

有人说，自己三五岁在老家葱林里迷过路，一直以为是一个梦，没想到是真的。

为了宣传大葱，当地举办了大葱文化旅游节。到现在，已经举办了 20 届。每年的重点项目就是，比赛评选最长的葱。

2014 年，章丘的葱王是 2.27 米，

图 28 章丘品牌状元葱

比姚明还高 0.01 米。而从那之后，种出全世界最高、最大、最好的葱成了每个章丘种葱人的目标。

章丘每年都会评选"葱状元"，这个比赛相当正规，他们甚至开发出了一整套比赛方法，现场有专家专门用精准仪器测量葱的总长度、重量和直径。

2020 年，村民苗永发种出的葱王，长 2.532 米，成功挑战了吉尼斯世界纪录，荣获了世界"最长的葱"称号。按照往年惯例，葱状元可以拿到 3 万元的奖金，一等奖 1 万元，二等奖 8000 元，三等奖 5000 元。

章丘有个叫宋光宝的葱农，种了 20 多年葱，获得过 9 届葱状元，还得过不少一等奖、二等奖，总共获得了 30 多万元奖金。可以说，"状元葱"的评选既鼓励了葱农，又增加了他们对大葱品质的责任感，还让更多人了解了章丘大葱。

无论是日本的广告，还是大葱文化旅游节，章丘宣传大葱的策略可以说是非常多元，当然，这一切的基础，还是在于章丘大葱的品质。

1999 年 7 月，章丘大葱商标注册成功，成为中国蔬菜类第一件原产地证明商标。大葱一直都是走在农产品营销的前列。

2003 年 11 月，章丘大葱的种子又被送上我国第 18 颗返回式科学实验卫星，成功地完成了章丘大葱种子的太空搭

第十二章 神奇章丘的大葱

载试验。经过精心培育，章丘接连推出了"航天 1 号""航天 2 号"和"航天 3 号"等一系列大葱新品种。

2014 年，亚太经合组织第 22 次领导人非正式会议在北京怀柔雁栖湖会址召开。在欢迎晚宴上，有一道北京特色菜——全聚德烤鸭，搭配的葱丝就是章丘大葱。全聚德还和章丘市政府签约，每年供应全聚德 600 吨左右的烤鸭配葱。章丘一举成为全聚德京外首家"农餐对接"的最大农户。章丘大葱的品牌价值随之涨到 26 亿元。其实，大葱虽然是很常见的农产品，家家户户都见过，但大葱的种植培育，非常不容易。一般的大葱只需要 6—7 个月的生长周期，但章丘大葱需要一年多，每年 10 月份育苗，次年 5 月底至 6 月份移栽，11 月至 12 月才有收获。它对生长环境的要求非常高，首先，土壤必须得是好土。

章丘位于黄河冲积的平原区，土壤孔隙发达，土层疏松，土壤里含有丰富的硒元素，这里有 58 万亩富硒土壤，占全省富硒土壤总面积的 25%，是种植大葱的理想之地。从气候上来说，章丘属暖温带季风区的大陆性气候，四季分明，雨热同季，还有一条发源于百脉泉群的绣江河，水质清纯，富含锶、偏硅酸等微量元素，优质泉水的灌溉使大葱长得又脆又甜。章丘大葱是集天时地利人和的产物。

二、大葱保险

最后，山东大学出版社出版了一本叫《章丘大葱》的专著，里面详细介绍了大葱的种植方法，相当专业。这几年，各地都在推进机械化生产，章丘人也在研究，这本书里就有很大的篇幅提到机械化的尝试。但是，大葱是小株距作物，而且栽植深度很深，有 10 厘米左右，对直立性要求很高。如果移栽时葱苗歪斜，收获后的葱白就会弯曲，造成成品葱产量、质量下降，所以机械化的移栽机、收获机，都很难满足大葱的要求，而且往往会损伤葱白。

所以，大葱是典型的需要精耕细作的农产品，每一根大葱都有农民的辛苦付出。据葱王宋光宝说：

> 在种植前期，需要做好提纯、复壮等工作，选取根系好和叶厚、颜色深的葱进行精心培育；
>
> 遇上刮风下雨天，要立即来地里看看，把吹倒的葱竖起来，扶好，让它继续生长；
>
> 在各个生长期要及时灌溉、排涝，缺水或水分过多都会影响生长；
>
> 平日施肥也很重要，要注重细节，必须掌握好在什么时间施什么肥。

第十二章 神奇章丘的大葱

只有这样，才能种出高、大、脆、白、甜的章丘大葱。

其实，对农民来说，辛苦还在其次，最怕的是辛苦了一年，却碰到大葱价格大跌。而在农产品行业，这也是常有的事。丰年收成好，但是价格暴跌，第二年很多人可能就不愿意种了，刚把苗拔掉换别的，结果因为收成差，往往价格又暴涨。农民，还要看天吃饭，还要琢磨反人性操作，的确不容易。

2014年，章丘大葱就再次遭遇滑铁卢，11月底的大雪冻坏了不少葱，产量减少了近一半，很多葱都烂在地里，没人愿意收了，价格也非常低，维持在0.7元到0.8元之间，许多葱农连本都收不回来。这样的情况使村子里种葱的人越来越少，从300户人家减少到了70多户，每户基本只种一两亩地，最多的也就种5亩地。对许多葱农来说，种葱真的是需要一颗坚定的心，毕竟相对来说，还是种小麦、玉米更省时省力。种葱时养苗的时间正好是种小麦的时间，也就是说，只要种葱就要耽误种一季的小麦，实在不划算。

针对这种情况，为了稳定葱农的种葱热情和章丘大葱的产量，当地想出了这么一招——大葱保险。从2015年开始，大葱目标价格保险工作就在章丘开始试点，现在参保率已达90%以上。

章丘大葱目标价格为每斤0.9元。如果当年的大葱价格低于目标价格，不足的部分就会由保险赔付给农民。这样基本上可以保证农民回本。而且，文件里面明确写着：保险费为245元/亩，由投保人承担40%，区财政补贴30%，市财政补贴30%。

连续几年葱农投保承担的40%保费继续由区财政承担，即葱农参保继续零缴费。也就是说，葱农自己并不需要缴纳保费，农民没有后顾之忧，由政府兜底。

当然，最初的推广没有想象中顺利。许多葱农没有搞懂这个政策，看不到保险的利好，也对理赔没有信心。所以，刚开始那70多家种葱户只有十来家入了保险。

为了帮助葱农们理解政策，保险公司和政府部门多次到村里给农户普及政策知识，拿出实际数据给葱农们测算，以前，一户农户一亩地挣2000多元，如果当年的葱没卖出好价钱，经过赔偿，一亩地就能挣4000元甚至5000元以上，而农户只需要缴88元的保费。

了解详情后，葱农们也就愿意入保险了。对于保险公司来说，他们也有一笔账。从当年的大葱销售情况来看，市场平均价格在0.7元—0.8元，按承保大葱1万多亩和市场平均价格0.8元来计算，保险公司要赔付1500万元，而1万亩大葱保险，保险公司收到的保费仅有440万元。长此以往，保险公司肯定兜不住底的。

第十二章 神奇章丘的大葱

但是，这款保险是章丘政府主导推出的，最终的目的是平抑市场物价，替葱农们兜底，保险公司也不能一味地想着挣钱。对此，许多保险公司给出的承诺是，在赔得起的范围内承保。不得不说，章丘政府的政策是颇有远见的。有了大葱保险，农民对大葱种植慢慢恢复了以前的热情。

图29 新采下的章丘大葱正在做打包前晾晒

女郎山是章丘大葱的核心产区，远近闻名的"大葱状元村"王金村就在这里，村里180户村民，如今有八成从事大葱种植，面积达1000余亩，亩产1万斤左右，户均年收入超过18万元。整个章丘大葱种植总面积有11.5万亩，年产量达63万吨，从业人员约10万人。

接着，各种大葱视频和"葱状元"也铺天盖地而来，可见章丘政府很会经营、很接地气，放得开，不遗余力。如今的章丘，已经围绕大葱形成了特色产业，他们还专门开辟了一条章

207

丘大葱种植的旅游观光路线。在最早种植大葱的山上，也建设了大葱文化博物馆。在博物馆周围，种植有供旅游观赏的大葱。除此之外，他们还在研究如何让章丘大葱走得更远。

三、科技大葱

在日本，有一种铁杆大葱。2019年，曾有报道其占领了山东的农产品综合市场，而本地大葱只有其销量的1/5。章丘大葱的销量之所以比不上日本铁杆大葱，其中一个重要的原因是超市要求上货架的蔬菜要周期长。

铁杆葱可以一周都保持新鲜，而章丘大葱两三天叶子就黄了，卖相也会变差。而且，铁杆葱生长周期短，一年四季都在上市；但是章丘大葱一年只有一季集中上市，供应不稳，很难在大型超市供应链中占到优势。所以，超市一般不上架章丘大葱，销量自然无法和铁杆葱相比。

为了破解这一难题，章丘出动了一大批技术专家、机械专家、种植葱农，从事大葱良种繁育、工厂化育苗、四季种植茬口选择等技术研究，为的就是能够四季种植章丘大葱，实现全年稳定供货。其中，第一个突破性技术就是机械化育苗，大大缩短了大葱育苗周期，从过去的8个月缩短至3个月以内，这让原来只能夏季移栽的葱苗变成一年四季都可以移栽。

而且，和人工育苗相比，机械化育苗无须缓苗，后期还长得更壮。

如今，章丘区大葱全程机械化四季种植已经推广了1600多亩。这些正宗的章丘大葱，还有统一的身份证明。在它们的包装上，都有一个二维码，标明了大葱生产地块负责人、收获日期、农残检测结果等信息，而且只有本地生长的、经过章丘农产品质量安全检测中心检测安全的章丘大葱，才有资格获得这个"身份证"。

2021年，济南的盒马鲜生采购已经盯上了章丘大葱。随即，首批盒马直采的章丘大葱，开始送往北京、上海、广州等10个城市上架销售。品质更好的章丘大葱则被包装成了"礼品葱"，身价不菲。

葱王宋光宝家每年的大葱产量有20万斤左右，他家的大葱就是按照礼品葱的规格发售的，主要是发向北京和天津。大葱经过包装后，价格又上了一个档次，10斤五六十元稀松平常。

自家有了好东西，章丘也不遗余力地分享。章丘每年向全国各地提供大葱良种数万斤，最多年份达到10余万斤，还出口到了东南亚。年外调量在3000万斤以上，每年还有不少外国友人来章丘切磋技艺，交流种植大葱的经验心得。

众所周知，多吃大葱有好处，不仅可以发汗抑菌、解毒调味，还能预防癌症，山东省药物研究院大概就是从大葱的药用价值里获得了灵感，研发了一款大葱消杀产品。哈工大机器人（山东）智能装备研究院生物健康工程研究所开发了大葱黏液冻干粉等产品，并利用大葱边角料积极制作可降解材料，比如塑料袋、一次性餐盒、家具等。

一棵平平无奇的大葱，在章丘被种出了花样。这也是它们未来的发展方向，延伸农产品产业链。以美国玉米为例，它们的产品能达到3000多种，受市场冲击就很小。所以这些年，章丘致力于多元化发展大葱，开拓章丘大葱的精品市场。

种葱就像生活一样，付出多少，收获多少。如今，章丘劳动人民还在坚守这个朴素的真理，而且他们也获得了成功。

参 考 资 料

1. 刘晓君. 章丘大葱价格指数保险：一万多亩地农户可获赔 1500 万 [EB/OL]. (2015-12-25) 大众网.

2. 章丘大葱就要上市啦，价格与去年基本持平. 章丘新闻中心，2017-10-19.

3. 救援湖北哪家强？中国山东找……山东！. 酷玩实验室，2020-02-16.

鸣谢

感谢山东人民政府驻北京办事处、复旦大学、汉服文化圈、叶克飞、罗三洋、王小忉、王迪等组织和个人提供图、表支持。